O TELETRABALHO E A RESPONSABILIDADE CIVIL DO EMPREGADOR

IMPLICAÇÕES PARA O HOME OFFICE

LETICIA LISBOA SOUZA SERRALVO
PEDRO PAULO TEIXEIRA MANUS

O TELETRABALHO E A RESPONSABILIDADE CIVIL DO EMPREGADOR

IMPLICAÇÕES PARA O HOME OFFICE

LTr®

LTr®

LTr Editora Ltda.

Rua Jaguaribe, 571
CEP 01224-003
São Paulo, SP — Brasil
Fone (11) 2167-1101
www.ltr.com.br
março, 2022

Produção Gráfica e Editoração Eletrônica: SÓ TEXTO DESIGN
Projeto de Capa: DANILO REBELLO
Impressão: RENOVAGRAF

Versão impressa — LTr 6356.1 — ISBN 978-65-5883-112-9
Versão digital — LTr 9841.9 — ISBN 978-65-5883-137-2

Dados Internacionais de Catalogação na Publicação (CIP)
(Câmara Brasileira do Livro, SP, Brasil)

Serralvo, Letícia Lisboa Souza

O teletrabalho e a responsabilidade civil do empregador [livro eletrônico] : implicações para o home office / Letícia Lisboa Souza Serralvo, Pedro Paulo Teixeira Manus. — São Paulo : LTr, 2022.

PDF.

ISBN 978-65-5883-137-2

1. Direito do trabalho 2. Empregadores — Responsabilidade civil 3. Teletrabalho I. Manus, Pedro Paulo Teixeira. II. Título.

21-95787 CDU-34:331.021

Índice para catálogo sistemático:

1. Teletrabalho : Direito do trabalho 34:331.021

Aline Graziele Benitez — Bibliotecária — CRB-1/3129

Sumário

Lista de Siglas

Art.	—	Artigo
CC	—	Código Civil
CF/88	—	Constituição Federal de 1988
CLT	—	Consolidação das Leis do Trabalho
CIPA	—	Comissão Interna de Prevenção de Acidentes
DF	—	Distrito Federal
DRT	—	Delegacia Regional do Trabalho
EPI	—	Equipamento de Proteção Individual
INSS	—	Instituto Nacional do Seguro Social
GM	—	Gabinete do Ministro
MM	—	Meritíssimo
NR	—	Norma Regulamentadora
OIT	—	Organização Internacional do Trabalho
OMS	—	Organização Mundial da Saúde
PCMSO	—	Programa de Controle Médico de Saúde Ocupacional
PPRA	—	Programa de Prevenção de Riscos Ambientais
RE	—	Recurso Extraordinário
RO	—	Recurso Ordinário

RT	—	Reclamação Trabalhista
STF	—	Supremo Tribunal Federal
STJ	—	Superior Tribunal de Justiça
TIC	—	Tecnologia da Informação e Comunicação
TST	—	Tribunal Superior do Trabalho

Apresentação

Este livro vem em boa hora, pois a pandemia da COVID-19 antecipou em alguns anos o que talvez acontecesse num futuro próximo, que foi o teletrabalho.

O Brasil já tinha uma legislação que tratava do teletrabalho, que veio no bojo da chamada Reforma Trabalhista de 2017 (Lei n. 13.467, de 13 de julho), o que fez com que o impacto nas relações de trabalho fosse menor do que em outros países que tiveram de criar normas de afogadilho para regular essa nova forma de trabalho.

Muitas obras surgiram nesse período, mas esta é sem dúvida a mais completa, pois aborda a questão de uma ótica peculiar, ou seja, da responsabilidade civil do empregador, pois o fato de o empregado trabalhar em seu domicílio, não retira do empregador a responsabilidade por eventuais danos que o teletrabalhador possa sofrer, desde um acidente do trabalho até mesmo o assédio moral.

As relações de trabalho como conhecemos mudaram e continuarão mudando ao longo deste século, e o profissional que se dedica a esta área do Direito precisará se abrir para estes novos tempos, e este livro irá em muito ajudar a todos nestes novos caminhos.

Domingos Sávio Zainaghi

Mestre e doutor em Direito do Trabalho pela PUC-SP.
Pós-doutorado em Direito do Trabalho pela Universidad Castilla-La Mancha, Espanha.

Prefácio

O trabalho é mutável. E as mutações do trabalho são tão rápidas quanto urgentes. Se o Direito do Trabalho não se adaptar de forma veloz às mudanças práticas trazidas por questões econômicas, sociais e sanitárias, corremos o risco de viver sob a égide de um sistema ineficaz, que proporciona uma proteção extremamente limitada dos interesses do trabalhador.

Estamos, nas últimas décadas, assistindo a uma rápida mudança no campo digital e, consequentemente, nas relações de trabalho. O processo de globalização e de reconfiguração do conceito de fronteira, que estão cada vez mais latentes e acelerados, acarreta um cenário absolutamente novo e desafiador para diversos ramos do Direito, em especial o Direito do Trabalho.

Todavia, as mudanças das últimas décadas nem se comparam com a transformação galopante que foi trazida pelo advento da pandemia de Covid-19. Com a necessidade imperativa de isolamento, o teletrabalho tornou-se uma realidade concreta, praticamente do dia para a noite, em escala global.

Por razões óbvias, o Direito não teve condições de acompanhar em tempo real a velocidade das mudanças ocorridas no ano 2020. No entanto, é fundamental que os estudiosos das diversas áreas se dediquem à análise desses complexos temas que se somam à catástrofe sanitária que assola o mundo, em especial o Brasil, país no qual a situação foi tratada pelas autoridades de forma absolutamente negligente.

Este livro vem em muito boa hora, uma vez que é uma verdadeira resposta a perguntas que assombram inúmeros profissionais há algum tempo, mas que se tornaram inadiáveis ao longo dos últimos meses. Não se trata apenas de um estudo interessante, mas de uma análise essencial aos tempos que vivemos e de um norte para a atuação de empresas, trabalhadores, advogados e acadêmicos.

Ruth Manus

Introdução

A tecnologia, desde o final do século XX, tem evoluído em um ritmo surpreendente e constante, fazendo com que os institutos sociais se esforcem para acompanhar as mudanças diárias trazidas por essa inovação. Com as relações de trabalho, não é diferente: elas vêm sendo adaptadas de forma a atender as novas demandas econômicas e sociais. É nesse contexto que surge, e progressivamente ganha notoriedade, o teletrabalho, principalmente em razão das vantagens proporcionadas ao empregado, ao empregador e à sociedade em geral.

No Brasil, o teletrabalho ganhou destaque com a promulgação da Lei n. 13.467, de 13 de julho de 2017, que alterou a CLT, com entrada em vigor em 11 de novembro de 2017, e que inaugurou um capítulo destinado ao regramento dessa modalidade de contrato de trabalho. Entretanto, a referida lei, conhecida como Reforma Trabalhista, além de conter um forte viés político-ideológico, que vem sendo alvo de diversas críticas, não aprofundou a tutela acerca do teletrabalho, deixando aquém de regulação diversos aspectos ligados ao teletrabalho.

O teletrabalho pode ser definido como aquele exercido em local distante das dependências da empresa, do escritório central, permitindo a separação física do empregado e empregador, sendo esta facilitada pelo uso da tecnologia comunicacional (Organização Internacional do Trabalho — OIT, 2012). O empregado não possui contato pessoal com os colegas de trabalho ou com seus supervisores, mas mantém condições para comunicar-se com estes por meios informatizados a qualquer tempo.

As novas formas de exercer a atividade laboral, amparadas pelo teletrabalho, passam por diversas modalidades, sendo a mais comum delas o *home office*, ou seja, o trabalho prestado na residência do trabalhador. Além do *home office*, também podem ser classificadas como formas de teletrabalho o trabalho realizado em telecentros, o trabalho nômade e o trabalho transnacional (SILVA, Luiz de Pinho Pedreira da, 2000).

Essa modalidade de prestação de serviços busca nova perspectiva em relação ao tempo e ao espaço envolvidos na realização da respectiva atividade. É possível afirmar que o teletrabalho foi incorporado à sociedade moderna e, consequentemente, ao ordenamento jurídico, atendendo à permanente necessidade de adaptação da norma aos fatos presenciados no cotidiano. A revolução tecnológica e o modo como foi e continua sendo explorada e aplicada em todos os aspectos da vida humana provocaram mudanças também no âmbito laboral, mudanças essas que exigem atenção no que toca à legislação pertinente.

Com a evolução da internet e das novas tecnologias é vivenciado um momento em que estas, cada vez mais, passam a fazer parte da vida das pessoas e, porque não dizer, dos direitos do trabalhador que os exerce como trabalhador-cidadão.

Como se não bastasse, o mundo do trabalho está cada vez mais competitivo e a inovação tecnológica impõe às empresas o aumento da produtividade, a racionalização e a redução de custos, sem que se perca a qualidade dos produtos e serviços oferecidos.

O processo econômico da descentralização produtiva, somado à globalização, tornou-se um fenômeno mundial e, com a queda das fronteiras, todas as formas de prestação de trabalho tornam-se exploráveis.

Assim, como a legislação em vigor não impõe limites expressos às condutas virtuais, tampouco orienta de forma mais precisa a maneira que empregadores e empregados devam se relacionar por intermédio desses novos meios, surge a necessidade de um estudo mais aprofundado sobre o tema proposto. Isso porque o Direito do Trabalho na mundialização da economia tem tido o seu lugar relativizado.

É necessário o equilíbrio entre a preservação do poder diretivo do empregador e o respeito aos direitos dos empregados, uma vez que o fluxo das informações e as novas tecnologias fizeram com que houvesse um empoderamento do empregado na execução de suas atividades, mitigando-se a subordinação. O que resultou na possibilidade de que muitas funções fossem exercidas de forma remota, com a mesma qualidade que se executada dentro da empresa, uma vez que atualmente tudo está conectado. Esse contexto proporcionou o aparecimento do teletrabalho que se utiliza das tecnologias da informação e comunicação, as quais possibilitam o alcance extraterritorial e alteram drasticamente as relações de trabalho.

A mundialização impôs os questionamentos sobre a rigidez do método de regulamentação jurídica, obrigatória e permanente, abrindo a discussão sobre a flexibilização e quais seriam os mecanismos para sua implementação.

Nesse contexto se desenvolve uma política de flexibilização decorrente da necessidade de adaptação das leis trabalhistas, pois nada mais natural que a adaptação da norma jurídica ao fenômeno que pretende regular.

É o que ocorre com a responsabilidade civil do empregador pelos acidentes ocorridos no teletrabalho. Trata-se de um tema que não é abarcado pelo Capítulo II-A dos arts. 75-A ao 75-E da CLT, que versa sobre teletrabalho, deixando para a casuística a tarefa de resolver como se dará tal responsabilização, se essa será objetiva ou subjetiva, em que ocasiões ela deve ocorrer, dentre outros desafios. Ademais, por ser um tema cuja regulamentação legal é muito nova, ainda há pouca doutrina e jurisprudência sobre o tema, o que agrava sua situação de insegurança jurídica.

A Reforma Trabalhista, ao dispor sobre a prevenção de doenças e acidentes de trabalho na conjuntura do teletrabalho, limitou a obrigação patronal ao mero dever de instrução. O art. 75-E da CLT nada fala sobre a responsabilidade do empregador de fiscalizar e fazer cumprir as normas referentes à segurança e saúde no trabalho, nem tampouco prevê a obrigação patronal de fornecer o Equipamento de Proteção Individual — EPI.

Diante de grandes particularidades no âmbito do teletrabalho, da omissão legislativa e de um cenário jurisprudencial escasso, em razão da novidade da normatização, se faz necessária uma análise específica acerca da extensão da vinculação legal do empregador ao dever de prevenir doenças e acidentes de trabalho no contexto do teletrabalho, principalmente por envolver diretamente o direito fundamental do trabalhador à redução dos riscos inerentes ao trabalho.

Ademais, os embaraços em efetuar o controle de jornada, e, até o momento que se reconheça as dificuldades inerentes à aferição das condições laborais, para eventual responsabilização do empregador em casos de doença e acidente de trabalho, é imprescindível discernir os deveres jurídicos gerais do empregador no tocante à saúde e segurança do trabalhador e verificar se os referidos deveres se enquadram dentro da dinâmica e da natureza do teletrabalho.

No momento em que o mundo sofre uma pandemia e suspende a rotina normal para enfrentar uma doença que ameaça a vida humana, todas as nações são rogadas a nutrir sentimentos primordiais como a solidariedade e a responsabilidade social, também princípios constitucionais, unindo todos os esforços, especialmente em torno das pesquisas científicas, para derrotar a Covid-19 em defesa da nossa civilização.

Em um século, é a primeira vez que, sem distinção de classes, etnias, religiões e culturas, estão todos voltados à autopreservação da vida. As relações sociais alteram-se e o direito, como instrumento transformador da vida em sociedade, também é desafiado a atuar preventivamente e a buscar soluções para dirimir conflitos em meio ao ambiente de calamidade pública, impondo inovações e superações da crise.

A ciência do direito e seu sistema jurídico não poderiam se esquivar da responsabilidade cometida ao jurista comprometido com a realidade de seu tempo: pensar o Direito como instrumento para a melhoria da vida das pessoas.

Em situação de incerteza generalizada, a adoção das medidas de isolamento social produz efeitos socioeconômicos danosos e destrutivos, desafiando as funções atribuídas aos Poderes constituídos e aos juristas na construção de soluções jurídicas.

No campo de direito do trabalho, a função legiferante é o caminho natural para o desenvolvimento de estratégias que permitam reduzir os impactos da pandemia sobre as relações laborais, buscando sua sustentabilidade socioeconômica ante os direitos do empresário, que organiza e assume o risco da empresa.

Com a viralização da pandemia, houve uma imediata necessidade de readequação em todos os setores da sociedade, seja nos simples afazeres do dia a dia, como também na forma da execução dos trabalhos, tanto por parte das empresas, quanto de seus colaboradores. Em razão da determinação do afastamento social, foram sugeridas inúmeras medidas de segurança e saúde pelas autoridades.

Com o avanço da pandemia do novo coronavírus, o teletrabalho se tornou uma alternativa para manter as atividades de empresas e organizações que não puderam continuar com a atuação presencial por causa dos riscos de contaminação. Empresas pensam em adotar essa modalidade para trabalhadores após a pandemia.

A exemplo dos efeitos jurídicos da ausência ao trabalho, as alternativas para a continuidade dos serviços, o afastamento compulsório e as alternativas existentes, a situação dos trabalhadores que não podem se afastar do trabalho por responsabilização de tarefas estratégicas e pelo envolvimento no enfrentamento e na contenção da pandemia, a situação dos empregadores que precisam de força laborativa extraordinária, o adoecimento do trabalhador em razão da Covid-19, o dilema da redução de trabalhos, as cessações de contratos de emprego, a intervenção estatal para a minimização do risco social, entre outros.

O importante é a compreensão dos aspectos trabalhistas que decorrem da nova realidade criada pela epidemia do coronavírus no Brasil e que impõe a todos os povos a reflexão acerca do futuro. É relevante incentivo para que o direito preserve o seu maior valor constitucional, que é a dignidade da pessoa humana posta na Constituição Federal, nas suas múltiplas dimensões jurídicas.

Evidentemente que a evolução tecnológica experimentada, e além do que está por vir, provocará mudanças profundas na maneira de pensar, agir, trabalhar, exigir, provocando constante reflexão sobre posturas a serem adotadas nas relações do trabalho, de modo que não se invada a intimidade do empregado e ao mesmo tempo se mantenha a subordinação necessária para a execução dos trabalhos.

Capítulo 1

Teletrabalho

1.1. *História do Teletrabalho*

Antes de iniciar a discussão acerca das modificações legislativas, precisamos voltar o nosso olhar para o passado com o intuito de compreendermos a forma que a nossa sociedade se constituía antes do advento da tecnologia.

A Revolução Industrial representou a transição para novos processos de manufatura no período entre 1760 a 1840.

> Na Revolução Industrial, o trabalho adquire papel fundamental. As normas não eram suficientes para regular a questão do trabalho.
>
> O uso das denominações Direito Industrial, relações industriais, industrial *relations*, surge após a Revolução Industrial, para mais tarde se empregar a expressão Direito Industrial. Na época, as relações a serem disciplinadas diziam respeito à indústria, em razão da estrutura socioeconômica daqueles tempos.
>
> [...]
>
> As relações industriais eram consideradas como o conjunto de relações entre empregadores e empregados,

> bem como das associações por eles formados, os meios de negociação e seus conflitos (MARTINS, 2016, p. 61-62).

Esta transformação incluiu a transição de métodos de produção artesanais para a produção por máquinas, a fabricação de novos produtos químicos, novos processos de produção de ferro, maior eficiência da energia da água, o uso crescente da energia a vapor e o desenvolvimento das máquinas, ferramentas, além da substituição da madeira e de outros biocombustíveis pelo carvão.

A valorização da ciência, a liberdade individual e a crença no progresso incentivaram o homem a inventar máquinas.

Com o desenvolvimento das máquinas houve uma diminuição do tempo do trabalho humano, bem como a intensificação da produção de mercadorias e, consequentemente, o aumento dos lucros, razão pela qual o caminho natural foi o investimento nas indústrias.

Enfatiza-se que a Revolução teve início na Inglaterra e em poucas décadas se espalhou para a Europa Ocidental e os Estados Unidos, o que possibilita assegurar que a Inglaterra foi precursora na Revolução Industrial devido a diversos fatores, dentre eles: (a) possuir uma rica burguesia; (b) possuir a mais importante zona de livre comércio da Europa; (c) o êxodo rural; e a (d) localização privilegiada junto ao mar, facilitando a exploração dos mercados ultramarinos.

Verifica-se que a Revolução Industrial impulsionou uma era de forte crescimento econômico nas economias capitalistas, o que alterou não somente a maneira do homem se relacionar com o outro como também com seu trabalho, razão pela qual se justifica essa digressão histórica.

Nesse momento, vários camponeses foram trabalhar nas fábricas e formaram uma nova classe social, a do proletariado.

Sabe-se que nos primórdios da presença humana na Terra, as modificações que o homem produzia eram muito pequenas, sobretudo antes do desenvolvimento da atividade agrícola.

Entre os povos originais havia divisão de trabalho, sendo que cabia às mulheres cuidar das crianças, coletar alimentos e plantar. Aos homens, cabia a caça e a defesa do grupo.

Durante milhares de anos, o homem viveu em pequenos grupos, dedicando-se ao plantio, pesca, caça e pastoreio, naquele período não se vislumbrava ascensão social e somente com o crescimento populacional e com o desenvolvimento de novas técnicas e formas de produção começaram as intervenções nas paisagens.

Ademais, a busca por terras, riquezas e matérias-primas levaram ao surgimento da escravidão moderna (século XV) e, consequentemente, ao sistema capitalista, de forma que não era possível falar em Direito nesse tipo de relação:

> [...] Na sociedade pré-industrial não há um sistema de normas jurídicas de direito do trabalho.
>
> Predominou a escravidão, que fez do trabalhador simplesmente uma coisa, sem possibilidade sequer de se equiparar a sujeito de direito. O escravo não tinha, pela sua condição, direitos trabalhistas (NASCIMENTO, 2002, p. 39).

Mauricio Godinho Delgado (2017, p. 91) defende esse mesmo entendimento:

> [...] a existência do trabalho livre (isto é, juridicamente livre) é pressuposto histórico-material do surgimento do trabalho subordinado (e, via de consequência, da relação empregatícia). Pressuposto histórico porque o trabalho subordinado não ocorre, de modo relevante, na história, enquanto não assentada uma larga oferta de trabalho livre no universo econômico-social. Pressuposto material (e lógico) porque o elemento subordinação não se constrói de modo distintivo senão em relações em que o prestador não esteja submetido de modo pessoal e absoluto ao tomador dos serviços (como ocorre na servidão e escravatura, por exemplo). Em decorrência dessa conexão histórica, material e lógica entre trabalho livre e trabalho subordinado, percebe-se que as relações

> jurídicas escravistas e servis são incompatíveis com o Direito do Trabalho. É que elas supõem a sujeição pessoal do trabalhador e não a sua subordinação.

Na Idade Média surgem os feudos e com eles a servidão: os servos de domínio, os camponeses e os aldeões. Numa fase posterior, como uma nova forma de trabalho, aparece o artesanato. O artesão mantinha o controle de todo o processo, sendo livre para exercer seu ofício da forma que julgasse mais conveniente, podendo escolher a quantidade de horas de trabalho, intensidade e local para realização dele, fazendo com que muitos trabalhassem em sua própria moradia.

A atividade produtiva era artesanal e manual (daí o termo manufatura), no máximo com o emprego de algum maquinário simples e, dependendo da escala, grupos de artesãos podiam se organizar e dividir algumas etapas do processo, mas muitas vezes um mesmo artesão cuidava de todo o processo, desde a obtenção da matéria-prima até a comercialização do produto final, sendo esses trabalhos realizados em oficinas, quase sempre, nas casas dos próprios artesãos.

Porém, com o tempo, um novo sistema veio modificar essa situação, qual seja, o *putting out system* (o sistema doméstico), que se baseava na distribuição pelos capitalistas da matéria-prima aos artesãos e no adiantamento em dinheiro para a subsistência destes.

Constatamos nesse momento a criação do sistema de fábrica, por meio do qual houve a reunião desses trabalhadores em um mesmo local, onde o capitalista poderia exercer melhor o controle sobre eles, nessa etapa já não mais existia a autonomia desses artesãos, inclusive no tocante à escolha de onde desenvolveriam suas atividades.

A verdade é que o desenvolvimento industrial arruinou os artesãos, pois os produtos a partir daquele momento passaram a ser confeccionados com mais rapidez nas fábricas.

Assim, com o aparecimento das fábricas, os operários passaram a se dirigir a um determinado local onde trabalhavam, iniciando o abandono ao trabalho realizado em domicílio.

Pode-se considerar nessa fase o nascimento do Direito do Trabalho, pois, segundo Barros (2012, p. 72), "a Revolução Industrial acarretou mudanças no setor produtivo e deu origem à classe operária, transformando as relações sociais".

> O Direito do Trabalho é, pois, produto cultural do século XIX e das transformações econômico-sociais e políticas ali vivenciadas. Transformações todas que colocam a relação de trabalho subordinado como núcleo motor do processo produtivo característico daquela sociedade. Em fins do século XVIII e durante o curso do século XIX é que se maturaram, na Europa e Estados Unidos, todas as condições fundamentais de formação do trabalho livre, mas subordinado e de concentração proletária, que propiciaram a emergência do Direito do Trabalho (DELGADO, 2017, p. 92-93).

Houve trabalhadores que, inicialmente, tentaram não se render às fábricas, lutando para manter as técnicas artesanais, contudo, estas foram ficando cada vez menos competitivas, já que somente as fábricas absorviam o trabalho dos inventores.

Então há uma ruptura entre trabalho e vida pessoal, já que o trabalho deixa de ser exercido dentro das residências e também iniciam as diversas revoluções industriais alterando de forma definitiva o cenário.

Para contextualizar a importância desse estudo, é preciso entender as circunstâncias que propiciaram seu crescimento e difusão na sociedade atual.

A nova sociedade é marcada pela produção, transmissão e gestão da informação e do conhecimento. Textos, sons e imagens são transmitidos de forma integrada por meio de um sistema informático de alta capacidade e com número ilimitado de aplicações agrupadas sob a denominação de multimídia. A sociedade industrial transmuda-se para a sociedade informacional. As novas tecnologias representam a força motriz da sociedade, economia, política e cultura (SAKO, 2014).

A chamada sociedade pós-industrial representa bem as referidas transformações, de modo que o trabalho imaterial, desvinculado do ambiente fabril e industrial, ganhou força nas últimas décadas, fazendo com que a mão de obra intelectual seja cada vez mais valorizada e o processo de produção cada vez mais informatizado. Um bom exemplo de uma modalidade de prestação de serviços que se adapta aos moldes do teletrabalho com facilidade é o *telemarketing*, cujos únicos instrumentos necessários para a realização da atividade-fim são um aparelho de telefone e um funcionário operador, de forma que a prestação do referido serviço em telecentros ou mesmo na residência do empregado se mostra totalmente viável.

Observando-se o processo histórico do desenvolvimento da atividade produtiva, é preciso destacar importantes modelos de produção experimentados pela sociedade. O modelo Taylorista, iniciado por Frederick Taylor no fim do século XIX e início do século XX, preocupou-se em aumentar a produtividade baseando-se na eficiência e organização do próprio trabalhador, de forma que o sucesso deste estava intimamente relacionado ao sucesso da produção.

Em seguida, o modelo Fordista, que perdurou entre 1914 e 1980, com vistas a aperfeiçoar as ideias de Taylor, baseava-se na produção em massa, na redução dos custos da produção e pesados investimentos em maquinários, de forma que o trabalhador exercia tarefas de cunho extremamente repetitivo e exaustivo.

Por último, no modelo Toyotista, diferentemente dos modelos americanos de produção, o trabalho exercido pelos empregados não se mostra tão mecânico, de forma que estes são responsáveis pela qualidade do produto final, e não apenas encarregados de uma pequena atividade específica. Nesse modelo, observa-se a demanda do mercado e se destaca o uso da eletrônica e da robótica:

> A transição de um modelo fordista-taylorista de organização da produção para um modelo toyotista de

> acumulação capitalista proporcionou a emergência do trabalhador multifuncional, cujas competências são forjadas no domínio das tecnologias da informação e no uso qualificado dos processos técnicos e tecnológicos em que decisões têm de ser tomadas ante incertezas e não apenas comportamentos repetitivos devem ser desempenhados numa linha de montagem (SARANDY; SIQUEIRA, 2017, p. 55).

Nessa perspectiva, é possível concluir que o modelo Toyotista de acumulação de capital propiciou o surgimento do teletrabalho, cujo foco principal é a utilização de métodos tecnológicos como forma de agilizar e até mesmo aperfeiçoar o processo de produção.

No que toca à legislação brasileira, o trabalho a distância foi disciplinado, de forma discreta, pela primeira vez, em 1943, com a vigência da Consolidação das Leis do Trabalho. Contudo, o art. 6º da CLT apenas determinou que o trabalho exercido no estabelecimento empresarial e o exercido no domicílio do trabalhador são equiparados, desde que haja a caracterização da relação de emprego, o que não acrescentou muito ao ordenamento jurídico brasileiro.

Posteriormente, com a edição da Lei n. 12.551, de 2011, houve uma tentativa de ampliar esta regulamentação, considerando não apenas o trabalho exercido no domicílio do trabalhador, mas também as demais formas de trabalho a distância. Com a nova redação dada ao art. 6º da CLT pela referida lei, nota-se que a equiparação entre a subordinação jurídica presencial e a virtual apenas deixou explícita uma informação que se extrai dos próprios conceitos legais de empregado e empregador, qual seja, a imprescindibilidade da caracterização da relação de emprego para que possa ser exercida a subordinação jurídica.

Por fim, a Lei n. 13.467, de 2017, que acrescentou os arts. 75-A ao 75-E à CLT, pode ser vista como uma nova tentativa de maior regulamentação do teletrabalho, mas que também deixa a desejar no quesito de ampla normatização. Isto porque, analisando os dispositivos trazidos pela Reforma Trabalhista, o que se conclui é que o contrato de trabalho é o grande responsável pela determinação das bases de como a relação de teletrabalho será regida, e não a lei, o que faz com que o empregador possua grande margem de discricionariedade, propiciando inclusive uma relação de trabalho arbitrária.

1.2. Conceito de teletrabalho

De acordo com a OIT (2012), o teletrabalho pode ser conceituado como a "forma de trabalho realizada em lugar distante da sede da empresa ou do centro de produção e que implica uma nova tecnologia que permite a separação e facilita a comunicação". A partir desse conceito se extrai uma informação importante: não basta que o trabalho seja realizado a distância, mas também é preciso que haja o uso de tecnologias da informação e da comunicação.

Cavalcante e Jorge Neto (2017) aduzem que as características essenciais para que seja configurado o teletrabalho são: a atividade realizada a distância, ordens dadas por alguém que não tem possibilidade de controlar de forma presencial e tarefas executadas por intermédio de equipamentos de informática e telecomunicação.

Assim, chega-se ao ponto comum de que o teletrabalho é uma espécie do gênero trabalho a distância em que o trabalhador se utiliza de meios tecnológicos, geralmente ligados à internet, para realizar suas tarefas e metas, de forma a cumprir ordens de seu empregador, que as consegue emitir mesmo que não esteja fisicamente ligado aos seus empregados.

O teletrabalho é espécie do gênero de trabalho a distância, realizado fora do ambiente do empregador, da mesma forma que o trabalho realizado em domicílio (MARTINS, 2016).

Se o trabalho em domicílio for realizado mantendo-se contato com a empresa, mediante um terminal tecnológico, essa atividade passa a se enquadrar na espécie teletrabalho (BARROS, 2017).

Apesar de serem gêneros de uma mesma espécie, existem diferenças importantes entre eles, conforme destaca:

> O teletrabalho distingue-se do trabalho a domicílio tradicional não só por implicar, em geral, a realização de tarefas mais complexas do que as manuais, mas também porque abrange setores diversos como: tratamento, transmissão e acumulação de informação; atividade de investigação; secretariado, consultoria e assistência técnica e auditoria; gestão de recursos, vendas e operações mercantis em geral; desenho, jornalismo, digitação, redação, edição, contabilidade, tradução, além da utilização de novas tecnologias, como informática e telecomunicações, afetas ao setor Terciário (BARROS, 2017, p. 214).

Como bem se observa da etimologia da palavra, *tele*, em grego, significa distância, longe. O teletrabalho é uma modalidade especial de trabalho realizado a distância e, de acordo com Silva (2000), pode ser dividido em três principais modalidades: teletrabalho em telecentros, teletrabalho em domicílio e teletrabalho nômade.

A primeira delas ocorre em locais fora da sede principal da empresa, porém pertencentes, dependentes e em constante contato com ela. A segunda modalidade, realizada em domicílio, ocorre da mesma forma que o trabalho à domicílio tradicional e, de acordo com Bramante (2012), àquela se aplica os mesmos requisitos específicos: liberdade de tempo-trabalho, liberdade de eleger o lugar da prestação dos serviços e a ausência de vigilância constante e direta do empregador. A terceira modalidade, denominada teletrabalho nômade, é aquela que ocorre fora da empresa, mas sem local fixo, podendo ocorrer em qualquer lugar.

Em que pese a existência de diferentes modalidades, o autor atribui elementos comuns ao teletrabalho capazes de caracterizá-lo e conceituá-lo, de forma a evitar indefinições ou equívocos. O primeiro elemento é o topográfico ou espacial e diz respeito ao local em que o trabalho é efetivamente realizado. Segundo a autora, todo teletrabalho é realizado a distância, longe do estabelecimento do empregador ou da sede principal de destinação dos serviços prestados, mas nem todo trabalho a distância é teletrabalho, *vide* a existência das tradicionais modalidades de trabalho a domicílio, a exemplo da profissão de costureira.

Como segundo elemento físico-presencial, Bramante (2012) trata da não presencialidade ou da presencialidade virtual, por meio da qual a comunicação entre o trabalhador e a empresa se dá de forma virtual, por instrumentos da telemática. A referida autora adota entendimento segundo o qual, a presencialidade virtual não significa ausência de supervisão e controle. Segundo a autora, ocorre uma alteração dos mecanismos de controle da prestação dos serviços, passando a incidir sobre a produtividade ou resultados.

O uso prevalente — uso contínuo ou habitual da tecnologia telemática — é o terceiro elemento elencado por Bramante (2012) como indispensável à caracterização do teletrabalho. O uso dos equipamentos telemáticos varia de acordo com seu modo e potencialidade, podendo se dar de três maneiras principais: *off-line*, em que não se tem contato constante com a empresa; *one way line* ou unidirecional, em que há envio da produção, mas não existe controle direto e contínuo; e, *on-line* (interativo ou bidirecional), em que há comunicação constante entre trabalhador e empresa, o que possibilita o envio do trabalho produzido e o exercício do controle das tarefas em tempo real e simultâneo, tornando os equipamentos telemáticos, a um só tempo, instrumentos de realização e de controle das tarefas.

O quarto e último elemento é o temporal a partir do qual se pode perceber que o teletrabalhador possui mais autonomia em relação ao trabalhador comum, tendo em vista a possibilidade, em geral, de gerenciar sua jornada de trabalho, possuindo horários mais flexíveis, o que viabiliza que o trabalhador trabalhe de acordo com seu biorritmo, segundo os métodos e preferências pessoais (VALENTIN, 2000, p. 44).

Por fim, no que concerne à classificação do teletrabalho em seu elemento quantitativo:

> Outras circunstâncias podem aparecer no teletrabalho, tais como o trabalho por conta própria ou alheia, bem como a utilização de *softwares* de propriedade da empresa ou do trabalhador. Entretanto, referidos elementos servem para qualificar a natureza da relação jurídica, autônomo ou subordinado, entre o trabalhador e a empresa e não constituem características básicas do teletrabalho (BRAMANTE, 2012, p. 399).

Delimitados os seus elementos e traçadas suas características, é possível resumi-los com a própria conceituação do teletrabalho, sem perder de vista que o termo teletrabalho é polissêmico, é um conceito que abarca múltiplas e plurais realidades. Por essa razão não se propõe aqui uma conceituação pronta e acabada, mas um apanhado de conceituações de forma a incorporar o mais variado número de situações jurídicas.

De acordo com Valentin (2000), o teletrabalho é a prestação de serviços destinada a outrem e sob a subordinação deste, exercida por um trabalhador, preferencialmente em sua casa e com suporte de modernos instrumentos e tecnologias relacionados às telecomunicações e informática.

> O teletrabalho pode ser considerado como a prestação de serviços a qualquer título, desde que seja a distância, ou externado, com a utilização dos instrumentos de informática ou telemática, em favor de outrem. Importante destacar que tanto a doutrina como a jurisprudência evitam conceituar o teletrabalho de forma incisiva e fechada, tendo em vista que essa modalidade de trabalho abrange qualquer tipo de trabalho realizado fora da empresa, por meio dos instrumentos de informática ou telemáticos (ROCHA; MUNIZ, 2013, p. 102).

Dessa forma, o teletrabalho se configura quando a atividade é desenvolvida a distância da empresa, de forma móvel ou estável, por meio do uso de computadores e outras tecnologias. A doutrina italiana dispõe que a palavra teletrabalho — *telelavoro* — é utilizada para caracterizar o desenvolvimento da atividade do trabalhador de forma telemática, em um local diferente do local da empresa. O teletrabalho pode ser visto também como a atividade do empregador desenvolvida total ou parcialmente em local fora da empresa, de forma telemática (SILVA, 2000).

Já para Bramante (2012), teletrabalho é aquele cuja prestação de serviço, a qualquer título, ocorre de forma descentrada ou externalizada, mediante a utilização de instrumentos da telemática.

No que concerne à natureza jurídica do vínculo na relação de teletrabalho, o seu conceito não é suficiente para determiná-la, uma vez que é possível existir tanto o teletrabalho autônomo quanto o teletrabalho subordinado. É possível afirmar, de acordo com Autuori e Gregorin (2001), que a depender do modo de desenvolvimento da prestação dos serviços, a natureza jurídica do teletrabalho pode ter conteúdo civil, comercial ou trabalhista. Segundo as autoras, a simples incorporação de novas tecnologias de telecomunicação, por si só, não é suficiente para aniquilar os traços de subordinação e pessoalidade existentes nas relações de emprego.

> O teletrabalho não neutraliza o contrato de emprego. Ele poderá prestar serviços subordinados sob a égide da CLT ou como autônomo, exercendo suas atividades por conta própria, fora da tutela dessa disciplina, tudo irá depender da forma como for realizada a prestação de serviços. Saliente-se, todavia, que não é o lugar da prestação de serviços que irá distinguir as duas situações e atribuir tratamento distinto para as atividades, mas o fato de o trabalho ser realizado mediante controle do credor do trabalho ou com poderes para gerir sua própria atividade (BARROS, 2017, p. 216).

Acerca da subordinação no teletrabalho, é preciso traçar alguns aspectos importantes. O primeiro deles é que o conceito de subordinação foi sendo alterado no decorrer do tempo e das consequentes modificações sofridas nas relações empregatícias. O seu modelo clássico, marcado pela determinação do empregador do tempo e modo de execução das atividades pelos empregados, deixou de ser suficiente com o surgimento do Toyotismo — modo de produção responsável pela aparição de uma nova classe de trabalhadores marcada por uma maior qualificação, instinto criativo e identificação com a empresa (GASPAR, 2016).

Para essa nova espécie de trabalhadores, a subordinação jurídica clássica não mais servia, afastando tais trabalhadores, igualmente hipossuficientes, da tutela protecionista do direito do trabalho. A partir desse momento, o conceito de subordinação jurídica iniciou seu processo de ampliação.

Segundo Gaspar (2016), iniciando com a proposta de Romita de uma subordinação objetiva, passando pela subordinação estrutural encampada por Delgado, chega-se à subordinação potencial que é caraterizada quando o trabalhador, não subordinado classicamente, mas em razão de sua inserção na dinâmica organizacional do empregador que presta serviço por conta alheia, sem dominar a atividade econômica, estando sujeito à direção do tomador do serviço, que por sua vez pode ou não dirigir ordens diretas àquele. Nesse sentido, o vocábulo potencial explicita bem o conceito ampliado de subordinação: o poder diretivo existe, mesmo que varie em diferentes graus, mas o seu exercício é potencial.

Em que pese alguns autores, a exemplo de Alvarenga (2017) e Nunes (2016), entenderem que ao teletrabalho se aplica mais adequadamente o conceito de subordinação estrutural, *data máxima venia*, este trabalho compartilha o entendimento do professor Gaspar no sentido de que a subordinação no teletrabalho é caracterizada mais pela prestação de serviço por conta alheia do que pelo acolhimento, por parte do empregado, da dinâmica de organização e funcionamento do empregador. Dessa forma, independentemente de efetivo recebimento de ordem direta do tomador de serviço, mas existindo tal potencialidade, em razão do serviço por conta alheia, os teletrabalhadores podem ser considerados empregados.

Nesse sentido pode destacar que:

> Assim, o teletrabalho não faz desaparecer a subordinação, mas apenas provoca uma alteração do seu conceito, desestabilizando o equilíbrio de forças que rege a relação de emprego em favor do empregado e em prejuízo do empregador [...] o trabalho a domicílio, se não eventual, remunerado e subordinado, estará amparado pelo Direito do Trabalho, assim como, sem dúvida o teletrabalho (WINTER, 2005, p. 52).

Diante de todo o exposto, conclui-se que da conceituação do teletrabalho não é possível extrair sua natureza jurídica, sendo necessário analisar o caso concreto, em respeito ao princípio da primazia da realidade, a fim de verificar a existência ou não dos elementos caracterizadores da subordinação jurídica e da relação de emprego.

Capítulo 2

Regulamentação do Teletrabalho no Brasil

O teletrabalho passou a ser tratado pela legislação brasileira, ainda que implicitamente, a partir da Lei n. 12.551, de 15 de dezembro de 2011, que alterou a Consolidação das Leis do Trabalho, concebida na década de 1940 e que por óbvio não previa regras específicas sobre as modalidades de trabalho vinculadas aos inovadores meios tecnológicos (DELGADO, 2017).

A Lei n. 12.551/11 alterou o art. 6º da CLT incorporando, implicitamente, os conceitos de subordinação objetiva e subordinação estrutural e equiparando-os, para fins de reconhecimento da relação de emprego, à subordinação clássica, tradicionalmente realizada por meio de comandos diretos e pessoais (DELGADO, 2017). O art. 6º, *caput* e parágrafo único da CLT passaram a ter a seguinte redação:

> Art. 6º Não se distingue entre o trabalho realizado no estabelecimento do empregador, o executado no domicílio do empregado e o realizado a distância, desde que estejam caracterizados os pressupostos da relação de emprego.
>
> Parágrafo único. Os meios telemáticos e informatizados de comando, controle e supervisão se equiparam, para

> fins de subordinação jurídica, aos meios pessoais e diretos de comando, controle e supervisão do trabalho alheio.

Nesse sentido, desde que presentes os pressupostos da relação de emprego, que deverão ser apurados a partir do exame da realidade fática, não se distingue o trabalho realizado no estabelecimento do empregador, do executado no domicílio do empregado e do realizado a distância e, por força do parágrafo único, é possível reconhecer a subordinação existente nas relações de trabalho submetidas a meios telemáticos e informatizados de comando (DELGADO, 2017). A nova regra trazida no art. 6º tornou explicita a amplitude, complexidade e modernidade do conceito jurídico de subordinação (DELGADO, 2017), abrindo espaço interpretativo para que o teletrabalho pudesse ser reconhecido como uma atividade remota que pode ser autônoma, mas também pode ser subordinada.

A primeira vez que o Brasil tratou explicitamente do teletrabalho, regulamentando-o por meio de um capítulo próprio, foi com a Lei n. 13.467, de 13 de julho de 2017, a chamada Lei da Reforma Trabalhista, que alterou a CLT em diversos aspectos. De acordo com o art. 75-B da CLT, criado pela referida lei, considera-se "teletrabalho a prestação de serviços preponderantemente fora das dependências do empregador, com a utilização de tecnologias de informação e de comunicação que, por sua natureza, não se constituam como trabalho externo". A expressão "preponderantemente" utilizada no *caput* do art. 75-B é detalhada no parágrafo único que lhe segue, segundo o qual, "o comparecimento às dependências do empregador para a realização de atividades específicas que exijam a presença do empregado no estabelecimento não descaracteriza o regime de teletrabalho".

No que concerne às estipulações contratuais do vínculo teletrabalhista, a nova CLT dispõe que deve haver expressa menção à opção por essa modalidade, especificando as atividades a serem realizadas (Capítulo I — art. 75-C), e que poderá ocorrer a modificação do regime presencial para o de teletrabalho por meio de mútuo acordo entre as partes, registrado em aditivo contratual (§ 1º do mesmo artigo). O mesmo registro deverá ocorrer caso a alteração se dê por determinação do empregador, devendo ser garantido ao empregado "prazo de transição mínimo de quinze dias" (§ 2º também do mesmo artigo). Ressalte-se que a determinação do empregador, que ensejará a modificação unilateral do contrato de trabalho, só é possível se a modificação for para deixar a modalidade de teletrabalho e assumir o trabalho presencial. O contrário não é possível: a alteração do regime presencial para o de teletrabalho só é possível mediante a existência de mútuo acordo, como visto acima.

Acerca dos equipamentos necessários à realização das atividades, o art. 75-D estabelece que a "responsabilidade pela aquisição, manutenção ou fornecimento dos equipamentos tecnológicos e da infraestrutura necessária e adequada à prestação do trabalho remoto, bem como ao reembolso de despesas arcadas pelo empregado, serão previstas em contrato escrito". Sobre esse aspecto, Delgado e Delgado (2017) defendem que esses custos deverão recair sobre o empregador, uma vez que integram os riscos da atividade econômica.

> Não obstante certa imprecisão da Lei, nesse tópico, o fato é que a CLT segue a diretriz geral de que os custos e encargos relativos ao contrato empregatício e à prestação de serviços nele contratada, cabem ao empregador, ao invés de ao empregado. Isso é o que deflui do próprio conceito de empregador explicitado pela ordem jurídica. De fato, o art. 2º, *caput*, da CLT, enfatiza ser empregador a empresa, individual ou coletiva, que, assumindo os riscos da atividade econômica, admite, assalaria e dirige a prestação de serviço (DELGADO; DELGADO, 2017, p. 139).

Entretanto, o fornecimento de tais materiais por parte do empregador envolve diversas nuances quando o teletrabalho é realizado no domicílio do empregado, como será oportunamente mais bem debatido neste trabalho. Além da necessidade de tais equipamentos respeitarem as normas de segurança e medicina do trabalho, bem como as normas de ergonomia (Portaria GM n. 3.214, de 08/06/78 do Ministério do Trabalho), questões como, até que ponto a imposição do uso em sua própria casa de determinadas cadeiras, mesas, estantes, por exemplo, fornecidas pelo empregador, não configura um desrespeito à intimidade do empregado, devem ser pensadas e analisadas.

Ademais, uma importante observação feita por Delgado e Delgado (2017) é acerca da inserção do teletrabalho dentro da excludente do art. 62 da CLT, concernente à duração do trabalho. Os empregados elencados nesse artigo, "laborando em contexto que torna difícil ou até mesmo inviável o controle de jornada, não recebem a incidência de regras sobre a duração do trabalho, horas extras/suplementares, intervalos trabalhistas etc.". Cumpre ressaltar que a impossibilidade de controle da jornada é uma presunção relativa, admitindo prova em sentido contrário (o ônus probatório passa a ser do empregado), situação tipicamente fático-probatória, em que deverá vigorar a primazia da realidade.

Acerca da segurança no ambiente de trabalho, ainda que distante do ambiente do empregador, a CLT reformada estipula, em seu art. 75-E, que "o empregador deverá instruir os empregados, de maneira expressa e ostensiva, quanto às precauções a tomar a fim de evitar doenças e acidentes de trabalho". E aduz o parágrafo único do citado artigo que o empregado deverá assinar termo de responsabilidade comprometendo-se a seguir as instruções fornecidas pelo empregador". Sobre esse tema é possível destacar o seguinte posicionamento:

> Pela lógica do teletrabalho, que estende, em alguma medida, o conceito de meio ambiente do trabalho também para o ambiente privado do trabalhador, pode-se falar, em tese, abstratamente, na possibilidade de responsabilidade empresarial pelos danos da infortunística do trabalho também nesses casos. Porém, não há dúvida de que, concretamente, embora não seja tão árdua a comprovação da configuração do dano, torna-se mais

> difícil do que o padrão usual a comprovação tanto do nexo causal como, o acúmulo de experiências práticas, ao longo do tempo, poderá agregar maiores dados para a mais aprofundada reflexão a respeito (DELGADO; DELGADO, 2017, p. 139-140)

Por fim, sabendo que no teletrabalho o ambiente de trabalho se confunde com o ambiente privado do trabalhador, parece ser manifesta a possibilidade de responsabilização empresarial pela ocorrência de danos à saúde e segurança do trabalhador, tema esse que será aprofundado mais adiante deste trabalho. Nesse sentido, o termo de responsabilidade eventualmente assinado pelo empregado não exclui o dever de reparação civil do empregador nos casos em que essa for devida, ou seja, quando presente seus elementos caracterizadores.

Capítulo 3

Direito Internacional

A OIT é uma agência do Sistema das Nações Unidas, criada em 1919 por meio do Tratado de Versalhes, e tem como premissa principal o entendimento de que a paz mundial e constante somente vai existir em um contexto de justiça social. É responsável pela formulação e aplicação de normas internacionais do trabalho a exemplo de Convenções e Recomendações.

Apesar de ter sido um dos fundadores da OIT, o Brasil não é signatário de todas as suas Convenções. Dentre as não ratificadas está a Convenção n. 177, sobre Trabalho em Domicílio, que deve ser aplicada, por analogia, às relações de teletrabalho, juntamente com a Recomendação n. 184, uma vez que a referida agência não possui regulamentação específica sobre a espécie tele remota.

O art. 1º da Convenção n. 177 conceitua o trabalho a domicílio como aquele realizado por uma pessoa, designada trabalhadora a domicílio, em seu domicílio ou em outros lugares que escolha, desde que sejam distintos dos locais de trabalho do empregador, mediante remuneração, com o fim de elaborar um produto ou prestar um serviço conforme as especificações do empregador, independentemente de quem proporcione o equipamento, os materiais ou outros elementos utilizados para a realização do serviço.

Na sequência, em seus parágrafos, o art. 1º excetua da classificação de trabalhador a domicílio aquele que tenha independência econômica e grau de autonomia suficientes para ser considerado trabalhador autônomo, em virtude da legislação nacional ou decisão judicial, e exclui também dessa classificação o trabalhador assalariado que ocasionalmente realize suas atividades em domicílio, em vez de realizá-lo em seu lugar de trabalho habitual.

Para fins da referida Convenção, o termo empregador significa uma pessoa física ou jurídica que, de modo direto ou por meio de um intermediário, esteja ou não prevista essa figura na legislação nacional, designe trabalho a domicílio por sua conta ou por conta de sua empresa.

> [...] a Convenção não afastou, no caso, as hipóteses de terceirização e intermediação de mão de obra, mas, ao contrário, categoricamente admitiu a existência do fenômeno, típico da flexibilização laboral, integrando ambas as figuras em seu âmbito de proteção (CAPRARA, 2014, p. 327).

A Convenção n. 177 também atribui obrigações aos países-membros que a ratificarem. Em seu art. 3º, define que esses deverão adotar, aplicar e revisar periodicamente políticas destinadas a melhorar a situação dos trabalhadores a domicílio, mediante consulta às organizações de empregadores e trabalhadores mais representativas. Na sequência, o art. 4º da mesma Convenção n. 177 impõe aos países que ratificarem a aludida Convenção o dever de promover a igualdade de tratamento entre os trabalhadores em domicílio e os demais trabalhadores assalariados, levando em conta as respectivas peculiaridades. Deverá fomentar a não discriminação, a proteção em matéria de segurança e saúde do trabalhador, proteção à remuneração, regime de seguro social, proteção da maternidade, da idade mínima de admissão, dentre outros.

No que concerne à matéria relativa à medicina e segurança do trabalho e à responsabilidade civil do empregador, os arts. 7º e 8º da Convenção n. 177 da OIT definem que deve seguir a regulamentação nacional: legislação ou decisões judiciais, em conformidade com a prática nacional. Acerca de regulamentação nacional, a referida Convenção define que essa deverá se constituir mediante legislação, negociação coletiva, laudos arbitrais ou qualquer outra via compatível com a prática nacional, o que reflete uma grande gama de possibilidade para formalização do conteúdo regulamentar do trabalho a domicílio.

> A Convenção n. 177 da OIT não apenas prevê patamares de direito superiores aos trabalhadores em regime de trabalho em domicílio, como também evita que sejam tolhidos direitos já assegurados nas legislações nacionais, ou condições gerais mais benéficas aos trabalhadores, respeitando o princípio de proibição de retrocesso, uma das principais preocupações no campo dos direitos sociais, notadamente dos laborais, desde as Constituições de Querétaro (1917) e de Weimar (1919) (CAPRARA, 2014, p. 328).

A Convenção n. 177 apenas obriga os membros da OIT que a tenham ratificado, com o respectivo registro devido. Cumpre destacar este aspecto tendo em vista que o mesmo ocorre com a Recomendação n. 184, que, apesar de trazer normas complementares à Convenção n. 177 e direitos suplementares, não obriga os próprios signatários da Convenção, uma vez que não possui força normativa.

Caprara (2014, p. 328) apresenta as seguintes lições acerca do art. 5º da Recomendação:

> Entre as previsões, uma das mais relevantes é a necessidade de informar, o trabalhador em domicílio, por escrito, de suas específicas condições de emprego, incluindo tal informação além do nome e endereço do empregador e do intermediador, se houver, a escala ou valor da remuneração e dos métodos de cálculo, e o tipo de trabalho a ser realizado, dada a dificuldade de caracterização do contrato e mesmo as dificuldades enfrentadas pela própria autoridade de fiscalização quando da realização de inspeções nos locais de trabalho.

Ademais, por meio da Recomendação n. 184, há um aprofundamento no que tange ao controle do trabalho a domicílio, atribuindo aos empregadores o dever de informação às autoridades da utilização dessa modalidade, o dever de registro com demonstrativo de horários de trabalho, remuneração, custos do trabalhador e respectivos reembolsos, eventuais deduções realizadas, data de pagamento, dentre outros. Traz ainda diretrizes a respeito da jornada de trabalho, da remuneração, da idade mínima, do direito de sindicalização, da segurança e saúde no trabalho e de soluções de conflitos.

> Pode-se dizer que em que pese desprovida de força normativa, mas tão somente caracterizando-se como mandato de otimização, a Recomendação n. 184 da OIT busca efetivar a igualdade material determinada no bojo da Convenção n. 177 da organização, tentando oferecer ao trabalhador em domicílio o mesmo rol de direitos que é outorgado aos trabalhadores empregados em regime convencional. As diferenças, aqui, cingem-se a um regime de fiscalização mais ousado, que tende a violar certas garantias como a inviolabilidade do domicílio, em prol de um sistema trabalhista mais eficaz, que seja capaz de conter o ímpeto exploratório do capital, e a criatividade deletéria dos empregadores que procuram burlar os ditames legais (CAPRARA, 2014, p. 328-329).

Em 2002, os principais parceiros europeus assinaram o Acordo Marco Europeu com o objetivo de estabelecer um marco geral acerca do teletrabalho, regulamentando questões como condições de emprego e trabalho, saúde e segurança, direitos e deveres (RODRIGUES, 2011). Cumpre ressaltar que o referido Marco trata do teletrabalho subordinado, o foco do presente estudo, estando excluídos o teletrabalho autônomo e o esporádico.

Desde sua implementação, o Acordo Marco Europeu vem sendo utilizado por diversos países da Europa, bem como por entidades representativas de classe, servindo também como base para desenvolvimento de suas próprias legislações.

Na França, principalmente em Paris, por conta das reestruturações empresariais das últimas décadas e dos altos preços dos imóveis, houve uma grande aderência a esse tipo de inserção de novas tecnologias no trabalho, com destaque a telecentros multiempresariais em zonas residenciais, evitando-se desperdício de tempo em trânsito e consequentes engarrafamentos (WINTER, 2005).

O Código de Trabalho Português define, em seu art. 165, o teletrabalho como a prestação laboral que é realizada mediante subordinação jurídica e habitualidade, fora do local da empresa e com a utilização de tecnologias de informação e de comunicação (Código do Trabalho de Portugal, Lei n. 7/2009). Do dispositivo é possível perceber que o conceito se trata do teletrabalho subordinado, sendo excluídos os que trabalham autonomamente em seus domicílios.

Segundo Vera Regina Loureiro Winter (2005), em Portugal, o teletrabalho é mais comumente desenvolvido em centros comunitários do que em domicílio, tendo em vista as desvantagens de caráter psicossociais (isolamento do indivíduo, confusão de papéis sociais) normalmente atribuídas a essa modalidade.

Em uma perspectiva atual, a forte crise econômica enfrentada pela Espanha a partir de 2008 fez com que se repensasse todo o modelo laboral espanhol buscando corrigir os problemas considerados estruturais. Em 2012, foi elaborado o Real Decreto-Ley da Espanha n.3/2012, trazendo medidas urgentes para reforma do mercado de trabalho. Na exposição de motivos do referido dispositivo legal, há uma breve conceituação do teletrabalho, que ao longo do texto normativo é referido como trabalho a distância:

> O desejo de promover novas formas de desenvolver a atividade laboral faz com que, dentro desta reforma se busque também acolher, com garantias, o teletrabalho: uma particular forma de organização do trabalho que encaixa perfeitamente no modelo produtivo e econômico que se persegue, ao favorecer a flexibilidade das empresas

> na organização do trabalho, incrementar as oportunidades de emprego e otimizar a relação entre tempo de trabalho e vida pessoal e familiar. Se modifica, por isso, a ordenação do tradicional trabalho em domicílio para dar acolhida, mediante uma regulação equilibrada de direitos e obrigações, ao trabalho a distância baseando no uso intensivo das novas tecnologias (*Real Decreto-Ley da Espanha 3/2012 de 10 de febrero*).

Na Espanha, o Estatuto dos Trabalhadores, cuja reforma entrou em vigor em novembro de 2015, em seu art. 13 conceitua o trabalho a distância, aqui utilizado como sinônimo de teletrabalho, como aquele em que a mão de obra é predominantemente realizada em casa, ou em local livremente estabelecido pelo empregado, como forma alternativa ao modelo tradicional (*Real Decreto-Ley da Espanha, n. 2/2015 de 23 de octubre*). O referido artigo dispõe que o contrato de teletrabalho deverá ser escrito e garante aos teletrabalhadores os mesmos direitos dos trabalhadores tradicionais, a exemplo da representação coletiva e a uma adequada proteção em matéria de saúde e segurança no ambiente do trabalho.

Capítulo 4

O Contrato de Trabalho e suas Peculiaridades

Como visto ao longo da conceituação e delimitação do teletrabalho, bem como do estudo de sua natureza jurídica, essa modalidade é bastante plural e abarca, em um mesmo conceito, diferentes realidades. Diante disso, a análise do caso concreto se mostra essencial a fim de que se tenha uma correta regulamentação da relação jurídica estabelecida, em concreto.

O teletrabalho constitui uma modalidade de organização da atividade e não um estatuto particular (SILVA, 2017), e por essa razão o contrato de teletrabalho assume uma posição de extrema relevância, pois é por meio dele que irão ser externalizadas e organizadas as peculiaridades dessa modalidade impossíveis de serem antevistas. É por meio do contrato de trabalho, *a priori*, sem prejuízo do princípio da primazia da realidade, que poderão ser verificadas a não eventualidade, a remuneração e a subordinação e, em última proporção, a própria relação de emprego.

De acordo com Silva (2017), além das cláusulas habituais, o contrato de teletrabalho precisa conter cláusulas especiais por meio das quais o teletrabalho irá desenvolver suas particularidades. Nesse sentido, o autor elenca como a mais importante dessas a cláusula de reversibilidade, que permite ao empregado, por motivação desse ou do empregador, retornar ao trabalho interno caso a experiência tele remota tenha sido negativa. Cumpre destacar que essa cláusula deve estar presente caso, antes de assumir caráter especial de trabalho, o trabalhador exercesse atividade na própria empresa, em uma relação ordinária de trabalho.

Outra cláusula de extrema importância no contrato de teletrabalho é a cláusula de não concorrência, com a particularidade de que essa deve vigorar durante a execução do contrato e não apenas após o término da relação trabalhista, como comumente ocorre (SILVA, 2017). Isso porque muitas vezes o teletrabalhador tem à sua disposição informações sigilosas da empresa, como códigos e chaves de acesso ao sistema de dados da empresa, que possuem grande valor comercial.

O autor elenca ainda a indispensabilidade de uma cláusula de exclusividade dos serviços a serem prestados, bem como da utilização exclusivamente pessoal do material próprio à realização dos serviços. *Data maxima venia*, considerar essa cláusula como indispensável à pactuação do contrato de teletrabalho acaba por, genericamente, minar uma das vantagens trazidas por essa modalidade ao teletrabalhador, qual seja, a possibilidade de exercer simultaneamente diferentes empregos.

> Não sendo as empresas concorrentes, nada obsta o emprego múltiplo, inclusive que o empregado exerça em ambas a mesma função, ou quando o empregado se estabelecer por conta própria. Tais hipóteses são perfeitamente viáveis no teletrabalho, quando o empregado pode trabalhar para várias empresas, uma vez observadas as restrições acima expostas, para incorrer a hipótese de concorrência desleal (WINTER, 2005, p. 143).

Para Winter (2005), o contrato de teletrabalho deve conter, além das cláusulas ordinárias, cláusulas que contemplem: definição do local da prestação de serviços, se na residência do empregado ou em outro local; estipulação acerca do horário de trabalho, ressalte-se aqui a mesma advertência sobre descaracterização do teletrabalho caso não haja flexibilidade, mínima que seja; definição do objeto contratual (dos serviços a serem prestados); definição dos equipamentos a serem postos à disposição do teletrabalhador; estipulação da remuneração; definição de normas de segurança e de seguro contra acidentes e garantia do dever de sigilo.

Com a regulamentação trazida pela Lei n. 13.467/17, o art. 75-C dispõe que o contrato individual de trabalho deverá especificar as atividades a serem realizadas pelo empregado. Com isso, o contrato de trabalho do teletrabalhador somente poderá ser ajustado por escrito, pois o dispositivo fala que a condição de teletrabalhador deverá "constar expressamente" e, ainda, "especificar as atividades".

Não se nega que o contrato verbal também pode ser expresso e especificar as atividades que serão realizadas. No entanto, parece que a intenção do legislador foi a de exigir contrato escrito nesse sentido. Ademais, o § 1º fala em aditivo contratual, o que é mais utilizado para contratos escritos.

Outrossim, o contrato individual de trabalho do teletrabalhador deve trazer em seu bojo a especificação das atividades que serão realizadas pelo empregado. Especificar um serviço é enumerar, discriminar e pormenorizar as tarefas atinentes à função, de modo a que o trabalhador não tenha nenhuma dúvida de quais tarefas ele desempenhará em favor do empregador.

A finalidade da Lei, ao mencionar que os serviços devem ser especificados, foi evitar a utilização indiscriminada dos trabalhadores em atividades genéricas. É preciso especificar a exata dimensão das tarefas a serem desempenhadas. Se qualquer das formalidades for descumprida, restará descaracterizado o regime de teletrabalho com a consequente inclusão do trabalhador na disciplina normal de duração do trabalho.

No tocante à modificação do contrato de trabalho, o art. 75-C, § 1º, da CLT afirma que poderá ser realizada a alteração entre regime presencial e de teletrabalho desde que haja mútuo acordo entre as partes, registrado em aditivo contratual.

De outro lado, nos termos do § 2º do mesmo artigo, poderá ser realizada a alteração do regime de teletrabalho para o presencial por determinação do empregador, garantido prazo de transição mínimo de quinze dias, com correspondente registro em aditivo contratual.

Como se nota, exige-se o mútuo acordo entre as partes apenas para a situação na qual a alteração disser respeito ao trabalho originariamente prestado em regime presencial. Já a situação inversa, teletrabalho para presencial, será efetivada por mera determinação do empregador, independentemente da concordância do empregado.

Capítulo 5

Vantagens e Desvantagens do Teletrabalho

Durante o estudo das principais vantagens e desvantagens trazidas pelo teletrabalho, importa definir o sujeito destinatário das ditas reflexões. No que concerne ao trabalhador, destaca-se como principais vantagens a flexibilidade de horários, a decorrente melhoria na qualidade de vida, a desnecessidade de deslocamento para o local de trabalho, com a consequente redução dos custos e do cansaço, melhor aproveitamento de tempo, aumento da produtividade e até da renda (BRAMANTE, 2012).

Barros (2017, p. 215) destaca a "possibilidade de o teletrabalho se estender a um contingente humano que enfrenta dificuldade de obter emprego formal", a exemplo das pessoas portadoras de deficiência com dificuldade de locomoção. É possível destacar ainda um aumento do tempo de dedicação à família, favorecido por uma gestão do tempo de trabalho adequada à realidade individual, proporcionando uma melhora na articulação da vida profissional com a vida pessoal.

> Gera, dessa maneira, maior motivação ao trabalho e menor índice de doenças profissionais, reduzindo as faltas, pois o que interessa é o cumprimento do objetivo no prazo, o que pode ser equacionado de maneira mais

> flexível do que se estivesse trabalhando no estabelecimento empresarial (WINTER, 2005, p. 68).

Como desvantagens para o trabalhador é interessante perceber que muitas vezes uma mesma característica do teletrabalho pode trazer aspectos positivos e negativos. Por exemplo, a possibilidade da prestação do serviço na própria casa, ao mesmo tempo em que possibilita as vantagens citadas acima, traz consequências como isolamento, exclusão do contexto diário da empresa, ausência de trocas de experiência com os colegas, perda da privacidade, a depender de como se dê o controle das atividades, dificuldades para a dispersão, redução do tempo de descanso e de acordo.

Ademais, ainda no âmbito das desvantagens do teletrabalho em relação ao empregado, a maior quantidade de tempo de convivência familiar pode trazer conflitos se houver dificuldade em separar o tempo de trabalho com o tempo de lazer ou ainda dificuldade de fazer com que as pessoas de sua convivência, família e amigos, entendam que estar em casa não significa estar livre para o lazer, não devendo, portanto, ser incomodado. Como desvantagens gerais, além das já referidas, acrescenta-se a possibilidade de excesso de horas trabalhadas com o objetivo de atingir a meta ou cumprir a tarefa contratada, já que em geral o controle empresarial é direcionado aos resultados, dificuldade de alcançar promoções e de consolidar um planejamento de carreira e riscos à saúde do teletrabalhador, tanto problemas físicos, como doenças ocasionadas por adversidades ergonômicas, quanto psicológicos como doenças relacionadas a *stress*, denominadas de tecnoestresses (BRAMANTE, 2012).

> Tecnicamente, o conceito de tecnoestresse está diretamente relacionado a um estado psicológico negativo relacionado com o uso de TIC — Tecnologia de Informação e Comunicação e com seus respectivos, e também negativos, efeitos psicossociais. Os principais fatores para ocorrência dessa patologia são: sobrecarga da demanda no trabalho, quantitativa e qualitativamente, rotina monótona de realização das atividades laborais e

conflitos envolvendo o trabalho e a família (CARLOTTO; CÂMARA, 2010, n.p.).

Carlotto e Câmara (2010) afirmam que, por mais que os resultados das pesquisas sejam escassos, é possível destacar como principal ocorrência do tecnoestresse o aparecimento de sintomas "psicossomáticos tais como problemas de sono, dores de cabeça, dores musculares, transtornos gastrointestinais e, em nível organizacional, o absenteísmo e o baixo desempenho". Além disso, ressalte-se o surgimento de problemas envolvendo irritabilidade, desconcentração, desmotivação com o trabalho e, em níveis mais graves, transtornos de ansiedade e depressão.

Em relação aos riscos que acometem a saúde do teletrabalhador, a Enciclopédia de Saúde e Segurança Ocupacional da OIT, Tessler (2011) destaca que o teletrabalho, além de poder incluir todos os riscos próprios de trabalhos convencionais, é acometido com diversas preocupações adicionais.

A esse respeito, Ferreira [2011?] explica que o trabalho não se resume à interação do trabalhador com equipamentos técnicos. Abarca o autodesenvolvimento dentro de determinado grupo social que, em variadas medidas, constrói o próprio comportamento do indivíduo. O isolamento característico do teletrabalho realizado na residência do empregado rompe os vínculos com o lugar e com as relações ali estabelecidas, fenômeno a que o autor dá no nome de desterritorialização.

Acerca da desterritorialização, Winter (2005) destaca a possibilidade de práticas abusivas por parte do empregador, tendo em vista a maior dificuldade de organização e defesa coletiva em razão do não comparecimento às assembleias ou comitês da empresa.

Como desvantagens gerais trazidas pelo teletrabalho, em verdade, pelo isolamento do empregado na sua própria casa, a possibilidade de exploração de trabalhadores em situação mais vulnerável (mulheres, idosos, crianças), ausência de interação do trabalhador na sociedade, desaparecimento de formas coletivas de trabalho e dispersão de mão de obra (SERRA, 1996).

Acrescente-se ainda que devido à redução do convívio entre empregados prevalece que:

> Comparadas as vantagens e desvantagens, prevalecem as primeiras, em relação aos telempregados que retém todos os direitos e ainda têm disponibilidade horária e ausência de deslocamento. [...] Por último, cabe ressaltar a necessidade de reorganizar não só o trabalho, mas a própria vida do telempregado, pois os horários flexíveis, pelo trabalho fora da empresa, podem ocasionar uma reestruturação não só em sua vida pessoal, com até mesmo a ocupação do tempo livre. Essa reorganização do trabalho leva a ultrapassar o esforço físico para o esforço mental, ou seja, do cansaço pelo esforço despendido, à motivação pelo objetivo alcançado (WINTER, 2005, p. 133-134).

Não obstante, diversas são as vantagens para a empresa: redução do espaço imobiliário, e consequente redução dos custos com aluguel, manutenção e até a desnecessidade de aquisição de um lugar, mais flexibilidade organizacional (WINTER, 2005), à medida que pode contratar tanto pessoas em uma mesma cidade quanto em outro país, maior motivação e maior produtividade do empregado, menor quantidade de faltas e passa a não sofrer as consequências de greves de transportes públicos, tempestades, alagamentos.

As principais desvantagens para a empresa tele-empregadora decorrem da dificuldade de supervisionar a realização das atividades do tele-empregado, ressaltando a dificuldade de controle e direção sobre os trabalhadores. Além disso, há riscos à confidencialidade das informações da empresa, já que o teletrabalho facilita a cumulação de empregos, inclusive no que concerne à possibilidade de crimes cibernéticos, perda da coesão da empresa e altos e constantes investimentos com equipamentos tecnológicos que se tornam rapidamente obsoletos.

Por fim, para o meio ambiente e para a sociedade, o teletrabalho proporciona economia de combustíveis, redução dos congestionamentos, dos acidentes de trânsito e da poluição, promove o combate ao desemprego com a inserção de pessoas incapacitadas de realizar o trabalho tradicional, fomenta o desenvolvimento econômico de áreas menos favorecidas e a desconcentração dos centros das cidades, e possibilita o redirecionamento dos investimentos em mobilidade urbana para outros setores da sociedade.

Capítulo 6

Responsabilidade Civil

6.1. Acidente de trabalho: conceitos e diferenças

Por muito tempo, o que hoje é conhecido como acidente, mais particularmente acidente de trabalho, era considerado como infortúnio, o que trazia uma ideia de falta de sorte e desgraça. Além disso, durante o século XIX, tal infortúnio era tido como um acontecimento súbito, traumático e decorrente do acaso, o que passava uma falsa ideia de que nada poderia ser feito para evitá-lo. "Atualmente a doutrina afasta essa ideia, substituindo-a pela possibilidade de previsão, ainda que *in abstrato*, e, consequentemente, de prevenção, uma vez que suas causas são perfeitamente identificáveis dentro do meio ambiente de trabalho" (CAIRO JR., 2014, p. 55).

Dallegrave Neto (2010) defende que, no estudo dos acidentes de trabalho, das doenças ocupacionais e de suas repercussões, o foco do intérprete do direito deve ser menos o de reparar o infortúnio e mais o de promover a saúde do trabalhador. Assim como o referido autor fez em sua obra, cabe reproduzir o conceito trazido pela Organização Mundial da Saúde — OMS, segundo o qual "a saúde é um estado de completo bem-estar físico, mental e social, e não meramente a ausência de doenças ou enfermidades" (DALLEGRAVE

NETO, 2010, p. 98). Nesse diapasão, deve ser constante a preocupação do empregador, responsável pela atividade a ser realizada, com o bem-estar dos seus empregados, prezando pelo aumento da saúde no ambiente de trabalho por meio da constante busca pela diminuição dos riscos inerentes à realização de qualquer atividade.

Durante o estudo do tema acidente de trabalho, deve-se ter em mente que esse gera uma ruptura no estado de completo bem-estar do trabalhador, causando consequências em diversas dimensões, interessando para este trabalho, mais especificamente, as consequências jurídicas.

> A primeira noção a respeito do tema compreende a ideia de que o acidente é um fato que resulta do inter-relacionamento patrão/empregado, sendo anterior e independente de qualquer definição jurídica, diante da constatação de estar o risco ligado inseparavelmente a qualquer trabalho humano (BRANDÃO, 2015, p. 122).

Ademais, é essencial compreender que, em virtude da Lei n. 8.213, de 24 de julho de 1991, a expressão acidente de trabalho é gênero que abarca duas espécies principais: acidente típico/tipo/*stricto sensu* e doença ocupacional. Veja-se:

> Art. 19. Acidente do trabalho é o que ocorre pelo exercício do trabalho a serviço de empresa ou de empregador doméstico ou pelo exercício do trabalho dos segurados referidos no inciso VII do art. 11 desta Lei, provocando lesão corporal ou perturbação funcional que cause a morte ou a perda ou redução, permanente ou temporária, da capacidade para o trabalho.
>
> [...]
>
> Art. 20. Consideram-se acidente do trabalho, nos termos do artigo anterior, as seguintes entidades mórbidas:
>
> I — doença profissional, assim entendida a produzida ou desencadeada pelo exercício do trabalho peculiar a determinada atividade e constante da respectiva relação

> elaborada pelo Ministério do Trabalho e da Previdência Social;
>
> II — doença do trabalho, assim entendida a adquirida ou desencadeada em função de condições especiais em que o trabalho é realizado e com ele se relacione diretamente, constante da relação mencionada no inciso I.

Dallegrave Neto (2010, p. 306) sintetiza o diploma legal conceituando o acidente de trabalho como o "sinistro que decorre da execução do contrato de trabalho, provocando lesão corporal que cause morte ou redução da capacidade laborativa". O referido autor adota a mesma linha de pensamento de Oliveira (2014) que, tomando como base o conceito legal, identifica 4 requisitos necessários à configuração do acidente do trabalho: evento danoso; decorrente do exercício do trabalho a serviço da empresa (nexo causal); que provoca lesão corporal ou perturbação funcional; que causa morte, perda ou redução, permanente ou temporária, da capacidade para o trabalho.

Quanto às distinções estabelecidas entre as espécies de acidente de trabalho, interessa destacar, desde logo, o posicionamento de Brandão (2015), segundo o qual essas possuem interesse meramente doutrinário já que, para fins de proteção ao trabalhador, o legislador brasileiro as equiparou.

Enquanto o acidente típico de trabalho é um fato anormal caracterizado por sua imprevisibilidade, ocorrido durante um momento identificável de exercício da atividade, a doença ocupacional é fruto da realização das atividades normais do empregado podendo ser abstratamente prevista, mas de difícil estipulação de data ou origem determinada por ser de gradual evolução (BRANDÃO, 2015). Segundo Oliveira (2014, p. 51), o acidente se configura "pela ocorrência de um fato súbito e externo ao trabalhador, ao passo que a doença ocupacional normalmente vai se instalando insidiosamente e se manifesta internamente, com tendência de agravamento".

Dessa forma, Brandão (2015, p. 129) conceitua o acidente-tipo, denominação escolhida pelo autor, como um "evento único, subitâneo, imprevisto, bem configurado no espaço e no tempo e de consequências geralmente imediatas, não sendo essencial a violência, podendo ocorrer sem provocar alarde ou impacto".

Nessa mesma linha de pensamento:

> O fato gerador do acidente típico geralmente mostra-se como evento súbito, inesperado, externo ao trabalhador e fortuito, no sentido de que não foi provocado pela vítima. Os efeitos danosos normalmente são imediatos e o evento é perfeitamente identificável, tanto com relação ao local da ocorrência, quanto no que tange ao momento do sinistro, diferentemente do que ocorre nas doenças ocupacionais (OLIVEIRA, 2014, p. 48-49).

No que concerne às doenças ocupacionais, a Lei n. 8.213, de 24 de julho de 1991 as diferencia em duas subespécies: doença profissional e doença do trabalho. Segundo o referido diploma legal, a primeira é aquela "produzida ou desencadeada pelo exercício do trabalho peculiar a determinada atividade e constante da respectiva relação elaborada pelo Ministério do Trabalho e Previdência Social". Já a doença do trabalho é definida como aquela "adquirida ou desencadeada em função de condições especiais em que o trabalho é realizado e com ele se relacione diretamente".

Acerca da conceituação das duas subespécies de doenças ocupacionais, vale destacar:

> A doença profissional é aquela peculiar a determinada atividade ou profissão, também chamada de doença profissional típica, tecnopatia ou ergopatia. O exercício de determinada profissão pode produzir ou desencadear certas patologias, sendo que, nessa hipótese, o nexo causal da doença com a atividade é presumido. [...] Por outro lado, a doença do trabalho, também chamada de mesopatia ou doença profissional atípica, apesar de igualmente ter origem na atividade do trabalhador, não

> está vinculada necessariamente a esta ou aquela profissão. Seu aparecimento decorre da forma em que o trabalho é prestado ou das condições específicas do ambiente de trabalho. [...] Diferentemente das doenças profissionais, as mesopatias não têm nexo causal presumido, exigindo a comprovação de que a patologia desenvolveu-se em razão das condições especiais em que o trabalho foi realizado (OLIVEIRA, 2014, p. 51-52).

Ainda a respeito da doença do trabalho, o art. 20, § 1º, da Lei n. 8.213/91 elenca quatro hipóteses de doenças que, por genericamente não terem nexo causal com o trabalho, não são consideradas como tais. São elas: doença degenerativa, doença inerente a grupo etário, doença endêmica própria da região em que o trabalhador seja habitante e doenças que não causem incapacidade laborativa. Sobre essa última, cabe destacar que acarretar incapacidade para o trabalho é um requisito para a configuração do acidente de trabalho *lato sensu*, já que tal classificação interessa precipuamente à Previdência Social que, por sua vez, destina a cobertura acidentária à proteção do indivíduo impossibilitado de garantir sua renda por meio do trabalho.

Além das duas principais espécies de acidente de trabalho acima explicadas, acidente típico e doença ocupacional, a Lei n. 8.213/91 elenca que serão equiparados ao acidente de trabalho, o acidente caracterizado pela coexistência de concausa diferente do trabalho e outros incidentes, ali elencados, relacionados ao trabalho:

> Art. 21. Equiparam-se também ao acidente do trabalho, para efeitos desta Lei:
>
> (...)
>
> II — o acidente sofrido pelo segurado no local e no horário do trabalho, em consequência de:
>
> a) ato de agressão, sabotagem ou terrorismo praticado por terceiro ou companheiro de trabalho;
>
> b) ofensa física intencional, inclusive de terceiro, por motivo de disputa relacionada ao trabalho;

> c) ato de imprudência, de negligência ou de imperícia de terceiro ou de companheiro de trabalho;
>
> d) ato de pessoa privada do uso da razão;
>
> e) desabamento, inundação, incêndio e outros casos fortuitos ou decorrentes de força maior;
>
> III — a doença proveniente de contaminação acidental do empregado no exercício de sua atividade;
>
> IV — o acidente sofrido pelo segurado ainda que fora do local e horário de trabalho:
>
> a) na execução de ordem ou na realização de serviço sob a autoridade da empresa;
>
> b) na prestação espontânea de qualquer serviço à empresa para lhe evitar prejuízo ou proporcionar proveito;
>
> c) em viagem a serviço da empresa, inclusive para estudo quando financiada por esta dentro de seus planos para melhor capacitação da mão de obra, independentemente do meio de locomoção utilizado, inclusive veículo de propriedade do segurado;
>
> d) no percurso da residência para o local de trabalho ou deste para aquela, qualquer que seja o meio de locomoção, inclusive veículo de propriedade do segurado.
>
> § 1º Nos períodos destinados a refeição ou descanso, ou por ocasião da satisfação de outras necessidades fisiológicas, no local do trabalho ou durante este, o empregado é considerado no exercício do trabalho.

Dentre esses acidentes equiparados ao acidente de trabalho, a doutrina destaca os acidentes gerados por concausa e os acidentes de trajeto, normalmente ocorridos durante o percurso da residência para o trabalho ou deste para aquela, chamados de *in itinere*, destaque esse devido ao peso estatístico da frequência em que ocorrem. As demais hipóteses acima referidas, segundo Oliveira (2014, p. 61-62), "mesmo ocorrendo no horário de trabalho, não estão diretamente relacionadas com a atividade profissional, apesar do vínculo causal indireto". Além disso, também são elencadas hipóteses em que os acidentes ocorrem fora do local ou do horário de trabalho, mas se relacionam estritamente com o cumprimento do contrato de trabalho.

No que diz respeito aos acidentes gerados por causas concorrentes, ou concausas, importa perceber que esses são gerados por fatores de natureza estranha à atividade de trabalho, que, adicionados à uma causa, geram um resultado danoso. Brandão (2015) classifica as concausas de acordo com o momento em que atuam: anteriores, simultâneas ou posteriores.

As concausas anteriores, prévias ou predisponentes são aquelas prévias e estranhas ao trabalho que, ao se relacionarem com ele ou com um acidente ali ocorrido, geram ou agravam o dano. Dessa forma, para configurar a existência da concausa anterior, é preciso identificar que o acidente sozinho seria incapaz de produzir o resultado danoso. Um forte exemplo é a hipótese de um empregado hemofílico sofrer um corte que se transforma em hemorragia devido à sua prévia condição de saúde (hemofilia).

As concausas simultâneas ou concomitantes são aquelas causas independentes que coincidem com o momento do sinistro. "Há um sincronismo em relação ao infortúnio, embora seja um fato autônomo, com raízes próprias, e capaz de gerar efeitos inteiramente distintos do que seria naturalmente esperado em face do sinistro" (BRANDÃO, 2015, p. 180). Já as concausas supervenientes, ou posteriores, são aquelas que se manifestam após o acidente, agravando suas consequências e estando com ele diretamente relacionadas. É o caso, por exemplo, de um empregado que morre de infecção hospitalar, adquirida ao ser submetido a uma cirurgia, após se ferir no trabalho.

Em relação às concausas, cumpre destacar a questão controvertida acerca do grau de contribuição da atividade laboral para configuração do nexo causal. Para a Previdência, não importa a intensidade, bastando que o trabalho tenha atuado como concausa para o pagamento dos benefícios previstos na Lei n. 8.213/91 (OLIVEIRA, 2014). Entretanto, para fins de responsabilidade e consequente reparação civil, o grau de influência da concausa laboral deve ser considerado no arbitramento dos valores indenizatórios.

Por fim, no que diz respeito aos acidentes de trajeto, Cairo Jr. (2014, p. 61) conceitua-os como aqueles ocorridos "fora do estabelecimento da empresa, mas enquanto o empregado percorre o trajeto residência-trabalho ou vice-versa, durante o período de descanso ou refeição, ou, ainda, quando se encontra executando serviços externos". A grande questão surgida a respeito desses acidentes envolve a conceituação do que viria a ser o percurso trabalho-residência, uma vez que é necessária a configuração do nexo causal para caracterização do acidente de trabalho.

Nesse sentido, tanto a jurisprudência quanto a Previdência Social, administrativamente, têm aceitado pequenos desvios e pequenas variações no tempo de deslocamento. Oliveira (2014, p. 59) defende que "se o tempo de deslocamento (nexo cronológico) fugir do usual ou se o trajeto habitual (nexo topográfico) for alterado substancialmente, resta descaracterizada a relação de causalidade do acidente com o trabalho".

Capítulo 7

Natureza Jurídica da Responsabilidade Civil

Ao se tratar da responsabilidade civil, é necessário que inicialmente haja uma dedicação à conceituação. A responsabilidade civil pode ser definida como sendo a obrigatoriedade de reparar dano material ou moral, causado a outrem em decorrência da prática de um ato ilícito. Conforme os ensinamentos de Gonçalves (2011, p. 24): "A responsabilidade civil tem, pois, como um de seus pressupostos, a violação do dever jurídico e o dano. Há um dever jurídico originário, cuja violação gera um dever jurídico sucessivo ou secundário, que é o de indenizar o prejuízo".

Considera-se ato ilícito, fato jurídico em sentido amplo, o ato contrário ao disposto na legislação do ordenamento jurídico. Produzindo, desta forma, efeito jurídico imposto pela lei. A respeito dessa conceituação vale ressaltar:

> Não se pode falar em reparação sem a preexistência de um bem ou relação juridicamente tutelado de forma que mantenha o equilíbrio do homem, vivendo em sociedade. Destruído esse equilíbrio, mediante a ação ou omissão de alguém, caberá ao autor do ato contrário ao direito, na forma de norma estatal ou de convenção prévia, restabelecer a situação inicial, configurando-se, deste modo, a responsabilidade civil (CAIRO JR., 2014, p. 33).

Portanto, os atos ilícitos são aqueles que ocorrem em decorrência de ações ou omissões dolosas ou culposas praticadas pelo agente, resultando em perdas e danos, surgindo o dever de indenizar ou ressarcir o prejuízo que surgiu com a prática de uma infração ao dever legal. A esse respeito vale destacar que:

> A responsabilidade civil aparece como uma sanção, sendo consequência jurídica que o não cumprimento de um dever produz em relação ao obrigado. A responsabilidade civil constitui uma sanção civil, por decorrer de infração de norma de direito privado, cujo objetivo é o interesse particular, e, em sua natureza, é compensatória, por abranger indenizações ou reparação de dano causado por ato ilícito, contratual ou extracontratual e por ato ilícito (DINIZ, 2007, p. 8).

A sanção ocorre justamente porque foi praticado um ato ilícito; assim, surge a obrigação de alguém responder pelos seus atos, neste caso, seria o autor do dano. Causado um ato ilícito a outrem, surge a consequência do dever de reparar o dano, visto que a responsabilidade civil tem natureza jurídica de sanção. Em relação a esse conceito vale ressaltar que:

> [...] responsabilidade, para o Direito, nada mais é, portanto, que uma obrigação derivada — um dever jurídico sucessivo — de assumir as consequências jurídicas de um fato, consequências essas que podem variar (reparação dos danos e/ou punição pessoal do agente lesionante) de acordo com os interesses lesados (GAGLIANO; PAMPLONA FILHO, 2017, p. 855).

Nesse sentindo, sempre que constatado um dano ou prejuízo, a responsabilidade civil, assim chamada para distingui-la da responsabilidade penal, é utilizada como fundamento para reparação daquele que fora lesado (OLIVEIRA, 2014). Aqui cabe uma observação importante acerca da diferença entre responsabilidade civil e responsabilidade penal: "enquanto nessa o ofensor, em geral, responde com sua própria liberdade, naquela ele responderá com o seu patrimônio"

(CAIRO JR., 2014, p. 45). É sua esfera patrimonial que servirá de garantia para o ressarcimento da situação anterior à qual a tutela jurídica se destina.

Ainda acerca dessa diferenciação vale ressaltar que:

> Enquanto a responsabilidade penal pune o agente culposo do dano social com o fito de restaurar o equilíbrio harmônico idealizado pela sociedade, a responsabilidade civil preocupa-se com a reparação com compensação do prejuízo da vítima, a qual poderá ser pecuniária, *in natura* ou mesmo uma carta de retratação, comum nos casos de dano moral. Na responsabilidade penal, a vindita só se aplica quando é tipificado e previsto legalmente o crime (*nulla poena sine lege*); na responsabilidade civil, o que importa é a presença do prejuízo material ou moral do ofendido (DALLEGRAVE NETO, 2010, p. 99).

Nessa mesma linha de pensamento, Cairo Jr. (2014, p. 34) defende que a responsabilidade civil é o "dever de ressarcir ou de compensar, imposto àquele que, por ação ou omissão, por fato próprio, de terceiro ou de coisa dele dependentes, provoque a diminuição ou alteração do patrimônio material ou moral de alguém".

Oliveira (2014) defende ainda que a responsabilidade civil é instrumento de manutenção da harmonia social, uma vez que por meio dela é possível socorrer o sujeito lesado, utilizando para isso o patrimônio do próprio causador do dano, o que serve, inclusive, para desestimular o violador potencial, capaz de antever e mensurar o peso da reposição que seu ato ou omissão poderá acarretar tudo isso, a aplicação do conceito de responsabilidade civil pode ser considerada uma ferramenta de justiça social por meio da reparação do dano às custas do próprio causador da lesão.

Em geral, a responsabilidade civil é classificada em contratual e extracontratual, também conhecida como aquiliana — expressão derivada da Lex Aquilia (séc. III a. C.), lei romana que mais aperfeiçoou os conceitos acerca da responsabilidade civil. Simplificadamente, tal classificação tem por referencial a existência ou não de um liame prévio entre ofensor e ofendido. Entretanto, Dallegrave Neto (2010, p. 102) adverte que "o traço delimitador entre as duas espécies não é simplesmente a preexistência ou inexistência de um contrato entre as partes, mas, sim, o fato que o dano a ser reparado advém da inexecução de obrigação contratual mantida por elas". Ainda que as duas espécies compartilhem os mesmos elementos, quais sejam, dano, conduta ação ou omissão, culposa ou dolosa e nexo causal, a doutrina majoritária elenca diferenças entre elas.

A responsabilidade civil contratual deriva da inexecução de uma obrigação anteriormente estabelecida entre as partes. Trata-se de responsabilidade decorrente da inadimplência obrigacional e por isso Dallegrave Neto (2010) defende que o correto seria denominar responsabilidade civil obrigacional e extraobrigacional, mas, como o contrato é a principal fonte de obrigações no Direito, convencionou-se, no Brasil, a nomenclatura responsabilidade contratual e extracontratual. Já a responsabilidade civil extracontratual decorre do descumprimento de "dever geral previsto em lei ou na ordem jurídica; é o ato ilícito que, por si só, dá origem à relação jurídica obrigacional, criando, para o causador do dano, o dever de indenizar a vítima" (DALLEGRAVE NETO, 2010, p. 101).

Cumpre destacar que, em ambas as hipóteses, o dever de indenizar surge do descumprimento de uma obrigação, contratual ou legalmente estabelecida, decorrendo de um ato ilícito, portanto. Nesse sentido, como consequência lógico-jurídica, tem-se que a responsabilidade civil possui natureza jurídica de sanção. Tal entendimento é defendido por Gagliano e Pamplona Filho (2017, p. 868): "concluímos que a natureza jurídica da responsabilidade será sempre sancionadora, independentemente de se materializar como pena, indenização ou compensação pecuniária".

A principal consequência da diferenciação entre as duas espécies acima tratadas diz respeito ao *onus probandi*. Na responsabilidade civil extracontratual, o ônus de provar a existência dos elementos que a constituem é da vítima, tendo em vista, principalmente, que essa decorre da violação de uma obrigação geral negativa de não causar dano a ninguém (GAGLIANO; PAMPLONA FILHO, 2017). Já na responsabilidade civil contratual, há, em geral, uma presunção (*juris tantum*) de culpa do devedor, cabendo à vítima provar apenas o inadimplemento obrigacional.

> Na responsabilidade civil extracontratual, o ônus da prova acerca da existência do ato ilícito é da vítima. Em sendo contratual, o *onus probandi* varia conforme o tipo de inexecução: quando incidente sobre obrigação de resultado, haverá presunção de culpa do agente, dispensando a prova por parte da vítima, enquanto que, quando o dano decorrer da inexecução de obrigação de meio, a vítima terá de comprovar o ato culposo do agente, salvo nos casos de inversão do ônus da prova motivados pela aplicação do princípio da aptidão da produção de prova (DALLEGRAVE NETO, 2010, p. 102).

Adentrando o âmbito da responsabilidade civil do empregador por acidente de trabalho, importa mencionar que, historicamente, houve muita discussão no Brasil acerca da possibilidade de aplicá-la aos acidentes laborais tendo em vista a existência da obrigatoriedade do pagamento do seguro acidentário. Tal controvérsia foi suprida com edição da atual Constituição Federal por meio da expressa previsão, no rol exemplificativo de direitos dos trabalhadores urbanos e rurais, o direito ao seguro acidentário sem prejuízo da indenização a cargo do empregador, quando incorrer em dolo ou culpa.

A esse respeito, Oliveira (2014, p. 90) comenta:

> Havendo dolo ou culpa na ocorrência da infortunística, pode o acidentado, ou seus beneficiários, no caso de morte dele, receber as duas reparações, sem compensação. São direitos autônomos, fundados em pressupostos diferentes: a prestação pecuniária acidentária coberta pelas contribuições e paga pela Previdência Social, que responde por obrigação própria, e a indenização civil reparadora do dano decorrente do ato ilícito.

Dessa forma, além de solucionar a dúvida acerca da existência de *bis in idem*, explicitando ser possível a cumulação do benefício previdenciário com a indenização decorrente da responsabilidade civil, uma vez que diferem quanto sua destinação e natureza, o referido dispositivo constitucional alargou o campo da responsabilização civil à medida em que não qualificou a culpa do empregador no acidente, devendo ser considerado, para fins de indenização, qualquer grau de sua ocorrência (OLIVEIRA, 2014).

Capítulo 8

Responsabilidade Subjetiva

Apesar de os romanos não terem criado uma teoria geral acerca da responsabilidade civil, caracterizando a ausência de preocupação com elaborações teóricas, a doutrina elenca que, no processo histórico evolutivo da sua conceituação, a introdução do elemento subjetivo se deu a partir do Direito Romano (DALLEGRAVE NETO, 2010). Não obstante a existência do brocardo *in lege Aquilia et levíssima culpa venit*, segundo o qual na responsabilidade aquiliana a mínima culpa é relevante, não é pacífico que a introdução da culpa, como elemento para configuração da responsabilidade civil, tenha se dado com a Lex Aquilia.

Segundo Dallegrave Neto (2010), foi no Direito Moderno, com o Código Civil Napoleônico de 1804, que a responsabilidade civil passou a ser vista como princípio geral do Direito. Assim, para configuração da responsabilidade civil e do consequente dever de reparação do dano — indenização, adicionou-se, à necessária presença dos elementos dano e nexo causal, a culpa em sentido amplo, sendo caracterizada pelo descumprimento do dever geral que não causar dano a ninguém.

São, portanto, elementos necessários à configuração da responsabilidade civil o dano ou a comprovação do fato deflagrador do dano (DELGADO, 2017). O nexo de causalidade, relação fática de causa e efeito, ressalte-se que elementos de concausas estranhas à relação não elimina tal elemento, e a culpa, em sentido amplo — dolo ou culpa em sentido estrito (negligência, imprudência ou imperícia).

O Código Civil brasileiro trata relativamente a responsabilidade civil do empregador em três diferentes dispositivos, mas que se convergem quanto ao seu objetivo jurídico, conceito e hermenêutica.

Acerca da Responsabilidade Civil, os arts. 186, 187 e 927, *caputs* do Código Civil — CC/2002 mencionam:

> Art. 186. Aquele que, por ação ou omissão voluntária, negligência ou imprudência, violar direito e causar dano a outrem, ainda que exclusivamente moral, comete ato ilícito.
>
> Art. 187. Também comete ato ilícito o titular de um direito que, ao exercê-lo, excede manifestamente os limites impostos pelo seu fim econômico ou social, pela boa-fé ou pelos bons costumes.
>
> Art. 927. Aquele que, por ato ilícito (arts. 186 e 187), causar dano a outrem, fica obrigado a repará-lo.

Não diferente é o texto trazido por nossa Carta Marga de 1988, que em seu art. 7º, inciso XXVIII traz os seguintes dizeres acerca da referida matéria:

> Art. 7º São direitos dos trabalhadores urbanos e rurais, além de outros que visem à melhoria de sua condição social:
>
> XXVII — seguro contra acidentes de trabalho, a cargo do empregador, sem excluir a indenização a que este está obrigado, quando incorrer em dolo ou culpa.

Como se verifica pela leitura dos dispositivos supramencionados, nosso ordenamento jurídico pátrio adotou, como regra, a teoria da responsabilidade subjetiva do empregador por danos causados ao obreiro (CF, art. 7º, XXVIII, da Carta Magna), decorrentes de acidente do trabalho.

Pelo Princípio da Hierarquia das Normas, todos os dispositivos infraconstitucionais acima expostos foram recepcionados pela Constituição Federal de 1988.

Por interpretação legislativa, o art. 927 traz patente divergência entre o seu *caput* (regra geral) e seu parágrafo único (exceção) e, justamente por isso, existem duas correntes ou interpretações diferentes acerca da responsabilidade do empregador.

Quanto ao elencado no *caput* do artigo, este se converge com o exposto no art. 7º, XXVIII da Constituição Federal — CF/88, pois exprime a necessidade da presença do elemento ou requisito culpa (ato ilícito) para a configuração do dever de indenizar (Teoria da Responsabilidade Civil Subjetiva). Nesse sentido, Oliveira (2014, p. 97) conclui que "a rigor, o acidente não surgiu do risco da atividade, mas originou-se da conduta culposa do empregador". Vale reproduzir o entendimento do referido autor acerca da responsabilidade civil subjetiva, de acordo com a concepção clássica:

> Pela concepção clássica da responsabilidade civil subjetiva, só haverá obrigação de indenizar o acidentado se restar comprovado que o empregador teve alguma culpa no evento, mesmo que de natureza leve ou levíssima. A ocorrência do acidente ou doença proveniente do risco normal da atividade da empresa não gera automaticamente o dever de indenizar, restando à vítima, nessa hipótese, apenas a cobertura do seguro de acidente do trabalho, conforme as normas da Previdência Social (OLIVEIRA 2014, p. 96).

Em contrapartida, o exposto no parágrafo único do art. 927 do CC/2002 requer apenas a presença do elemento risco no desempenhar da atividade para que o empregador seja obrigado a indenizar seu empregado em caso de um eventual infortúnio (Teoria da Responsabilidade Civil Objetiva).

> A ideia da culpa está visceralmente ligada à responsabilidade, por isso que, de regra, ninguém pode merecer censura ou juízo de reprovação sem que tenha faltado

> com o dever de cautela em seu agir. Daí ser a culpa, de acordo com a teoria clássica, o principal pressuposto da responsabilidade civil subjetiva (CAVALIERI FILHO, 2015, p. 58).

Pelas palavras acima citadas é possível perceber que a culpa é o elemento de existência necessária quando o tema abordado é a reparação civil pelo empregador, pois a este somente deve ser imputado o dever reparatório se o mesmo agiu de forma faltosa ou negligente para com o seu empregado. Sendo assim, deve-se partir da premissa de que a Lei Maior é o centro e a fonte de todo o ordenamento jurídico, e que, por esta razão, todas as demais leis infraconstitucionais devem ser recepcionadas e se encontrar nos ditames ali constantes, sob pena de inconstitucionalidade do dispositivo discordante.

A responsabilidade civil por reparação de dano causado a bem ou a direito do trabalhador exige, segundo a teoria da responsabilidade subjetiva, o cumprimento de três requisitos cumulativos e concomitantes, quais sejam: o dano, o nexo causal e a culpa. A ausência de qualquer deles exclui a possibilidade de reparação.

Não obstante a tais considerações, faz-se necessário salientar que o empregador, ao contratar o trabalhador para que este lhe preste serviços, passa a pagar ordinariamente os tributos ao Órgão Previdenciário (Instituto Nacional do Seguro Social — INSS), tributos estes que têm um único e específico fim: segurar o trabalhador objetivamente em casos de acidentes de trabalho.

Isso porque, na superveniência de um infortúnio, o empregado tenha a cobertura automática e objetiva da Previdência Social, com a percepção do benefício do auxílio-doença acidentário, do auxílio acidente e até a aposentadoria por invalidez.

Nos moldes da Legislação vigente e atual, já supracitada, tem-se que a responsabilidade objetiva é tão somente do INSS, tendo este sim o dever de indenizar o empregado, independentemente da culpa deste, de terceiro ou até na hipótese de inexistência de culpa, como em uma fatalidade. Ao contrário da responsabilidade da empresa que é subjetiva, conforme exposto acima.

Não parece correto que a obrigação de indenizar nasça pura e simplesmente do risco da atividade, uma vez que existem outros elementos e fatores a serem levados em consideração, tais como o cuidado ambiental do empregador, a utilização de EPIs, e ainda, e não menos importante, o elemento volitivo do próprio trabalhador acrescido de sua negligência ou imprudência, que em muitos casos resulta em acidente de trabalho.

Acerca da reparação civil comum e da necessidade de existência do elemento culpa ou dolo, o Superior Tribunal de Justiça já se pronunciou:

> Na ação de indenização, fundada em responsabilidade civil comum (art. 159, CC), promovida por vítima de acidente de trabalho, cumpre a essa comprovar o dolo ou a culpa, ainda que leve, da empresa empregadora. Somente se cogita de responsabilidade objetiva (sem culpa), em se tratando de reparação acidentária, aquela devida pelo órgão previdenciário e satisfeita com recursos oriundos do seguro obrigatório, custeado pelos empregadores, que se destina exatamente a fazer face aos riscos normais da atividade econômica no que respeita ao infortúnio laboral (Rel. Min. Sálvio de Figueira Teixeira — REsp n. 319321, STJ).

Muito embora o Código Civil vigente tenha modificado a redação consagrada da regra geral de responsabilidade civil constante do art. 159 do diploma revogado, desmembrando-a em dois novos dispositivos legais, não houve qualquer modificação nos princípios que regem o instituto. Afirmando ser a culpa pressuposto do dever reparatório do empregador em relação aos danos decorrentes de acidente de trabalho.

Entretanto, a realidade demonstrou a dificuldade probatória da culpa empresarial em diversas situações, o que impulsionou o desenvolvimento da teoria da responsabilidade civil objetiva, pautada no risco da atividade desenvolvida e excluindo da vítima o ônus de provar a culpa do empregador.

Desta maneira, persistem exigíveis, para a configuração do dever de indenizar, o dano sofrido por alguém, o ato de violação do direito cometido por outrem e o nexo de causalidade entre um e outro, tudo como parte da Teoria da Responsabilidade Civil Subjetiva, somente se cogitando a responsabilidade objetiva por parte do INSS.

8.1. Responsabilidade objetiva

É em um contexto de crescente complexidade das atividades laborais e da vida em geral, com os avanços tecnológicos, com a voracidade do tempo e com novos fatores de risco surgindo a todo momento, que a teoria da responsabilidade objetiva ganha espaço. Diante da insuficiência da teoria da responsabilidade civil subjetiva em atender diversos casos de dano, que ficavam sem reparação ante à dificuldade da comprovação do elemento subjetivo, o princípio geral da responsabilidade civil evolui rumo à objetividade, consolidando a teoria da responsabilidade civil objetiva como cientificamente autônoma no Estado Social do século XX (DALLEGRAVE NETO, 2010).

Segundo a teoria objetiva, para configuração da responsabilidade civil é necessário que o autor demonstre apenas a existência do dano e do nexo causal entre esse e o exercício da atividade ou com os riscos próprios dessa, que devem ser arcados exclusivamente por quem dela se beneficia. É importante perceber que o desenvolvimento da responsabilidade objetiva tem íntima relação histórica com a seara trabalhista, mais especificadamente com os acidentes de trabalho. Segundo Oliveira (2014, p. 123): "É principalmente nesse tema, tão aflitivo para o trabalhador, que a teoria do risco encontra a primazia de sua aplicação e a maior legitimidade dos seus preceitos".

Antes de um maior aprofundamento no estudo da responsabilidade objetiva no âmbito trabalhista, cumpre analisar os riscos e suas principais espécies elencadas pela doutrina: risco integral — em que basta a existência do dano para agasalhar a pretensão indenizatória; risco proveito — defende a ideia de que o ônus deve ser suportado por quem tem o bônus decorrente da atividade; risco criado — segundo a qual é devida a reparação do dano em razão da simples criação do risco da atividade lícita mas perigosa; risco excepcional — em que o dano deve ser indenizado pelo responsável por atividade que gere risco excepcional e risco da atividade profissional — o dano deve ser suportado por quem é o responsável pela atividade profissional econômica independente de ser perigosa (OLIVEIRA, 2014).

Ademais, vale destacar que a indenização só é devida caso o dano decorra de atividade que, por sua natureza, implique riscos para o direito do outro, não sendo, obviamente, o exercício de qualquer atividade que gerará a obrigação indenizatória do acidentado.

Segundo Dallegrave Neto (2010), o Código Civil de 2002 adotou a teoria do risco criado, conforme se depreende do parágrafo único do art. 927:

> Art. 927. Aquele que, por ato ilícito (arts. 186 e 187), causar dano a outrem, fica obrigado a repará-lo.
>
> Parágrafo único. Haverá obrigação de reparar o dano, independentemente de culpa, nos casos especificados em lei, ou quando a atividade normalmente desenvolvida pelo autor do dano implicar, por sua natureza, risco para os direitos de outrem.

Dallegrave Neto (2010) defende ainda que o art. 2º da CLT consagra a teoria que ele denomina risco da atividade econômica, aduzindo que tal denominação deve também ser utilizada em substituição a "risco da atividade profissional". De acordo com o referido dispositivo legal, "considera-se empregador a empresa, individual ou coletiva, que, assumindo os riscos da atividade econômica, admite, assalaria e dirige a prestação pessoal de serviço". Ressalte-se que o parágrafo único do art. 927 do CC equipara ao empregador, para fins da relação de emprego, os profissionais liberais e outras instituições que admitem trabalhadores como empregados. Dessa forma, há responsabilização objetiva do empregador pelos danos sofridos apenas em razão da execução ordinária e regular do contrato de trabalho. Por fim, acerca das espécies de risco:

> Qualquer que seja a teoria adotada percebe-se a preocupação cada vez maior de não desamparar o lesado e que os danos sofridos sejam reparados. Em vez de concentrar o foco na pesquisa da ilicitude do evento danoso, preocupa-se mais em buscar ressarcir o dano injusto sofrido pela vítima (OLIVEIRA, 2014, p. 117).

Acerca da aplicação da teoria da responsabilidade objetiva no acidente de trabalho, a doutrina se divide em duas correntes: a que defende a aplicação do parágrafo único do art. 927 do Código Civil nas hipóteses de indenização por acidente de trabalho e a que é contra. Essa última tem por principal argumento o fato de que a Constituição Federal de 1988, em seu art. 7º, XXVIII, impõe a indenização ao empregador quando incorrer em dolo ou culpa.

Nesse sentido, não existindo o elemento subjetivo, não haveria que se falar em responsabilidade indenizatória e que, tendo a Constituição estipulado tal circunstância, não cabe a nenhuma norma de hierarquia inferior alterar isso (OLIVEIRA, 2014).

Para tal corrente, o elemento subjetivo é imprescindível à configuração da responsabilidade civil. Em que pese haver maior aderência à segunda corrente, como será demonstrado adiante, é oportuno mencionar que o STF conheceu o Recurso Extraordinário n. 828.040/DF, em cujo julgamento será discutida a constitucionalidade da responsabilidade objetiva do empregador, reconhecendo a existência de repercussão geral.

O processo em primeira instância que originou o referido RE 00000438- 80.2010.5.24.0002 foi movido por um ex-funcionário de uma empresa de transporte de valores que, após ser vítima de um assalto à mão armada, quando exercia suas atividades de vigilante de carro-forte, desenvolveu quadro depressivo e estado de estresse pós-traumático (SILVA, 2017).

Na sentença, a Reclamada foi condenada, tendo sido declarada a responsabilidade objetiva da empresa empregadora, reconhecendo o nexo causal entre o labor e o infortúnio e o risco da atividade desenvolvida. Tal posicionamento foi mantido em segunda instância e, mesmo após o não processamento do Recurso de Revista interposto, a empresa apresentou o supracitado RE (SILVA, 2017), cuja principal argumentação envolve a não concorrência para o resultado danoso, alegando não poder ser responsável por ato ilícito de terceiro.

Em que pese, o STF reconheceu a taxatividade do rol de direitos elencados no art. 7º da Constituição Federal, a aplicabilidade da responsabilidade objetiva trazida no Código Civil às relações trabalhistas. Por maioria, o Plenário do STF aprovou, na sessão do dia 12/03/2020, tese para fins de repercussão geral (Tema 932) que garante ao trabalhador que atua em atividade de risco o direito à indenização em razão de danos decorrentes de acidente de trabalho, independentemente da comprovação de culpa ou dolo do empregador.

No julgamento do Recurso Extraordinário (RE) 828.040/DF, realizado em setembro de 2019, os ministros entenderam, por maioria de votos, que é constitucional a imputação da responsabilidade civil objetiva do empregador por danos decorrentes de acidentes de trabalho em atividades de risco. Naquela oportunidade, ficou pendente a aprovação da tese.

Na sessão, os ministros aprovaram a tese sugerida pelo relator do caso, ministro Alexandre de Moraes: "O artigo 927, parágrafo único, do Código Civil é compatível com o artigo 7º, XXVIII, da Constituição Federal, sendo constitucional a responsabilização objetiva do empregador por danos decorrentes de acidentes de trabalho nos casos especificados em lei ou quando a atividade normalmente desenvolvida, por sua natureza, apresentar exposição habitual a risco especial, com potencialidade lesiva, e implicar ao trabalhador ônus maior do que aos demais membros da coletividade". O principal argumento contra a responsabilização objetiva envolve a literalidade do inciso XXVIII do art. 7º da CF, em que há previsão de indenização por parte do empregador nas ocasiões em que esse incorrer em dolo ou culpa.

Ocorre que, a corrente que é a favor da aplicação do art. 927 do Código Civil aos acidentes de trabalho sustenta que o inciso XXVIII deve ser interpretado em conformidade com o *caput* do respectivo artigo constitucional, que prevê: "São direitos dos trabalhadores urbanos e rurais, além de outros que visem à melhoria de sua condição social". Dessa forma, resta claro que o rol elencado no art. 7º é *numerus apertus* e não o contrário (*numerus clausus*), como pretende a primeira corrente. Ademais, nas palavras de Oliveira (2014, p. 121-122), "não há dúvida de que a indenização do acidentado, com apoio na teoria da responsabilidade objetiva, visa à melhoria da condição social do trabalhador ou do ex-trabalhador, como previsto no *caput* do art. 7º da Constituição da República". Dallegrave Neto (2010) compartilha desse mesmo entendimento:

> Nem se diga, contudo, que o parágrafo único do art. 927 do novo Código Civil é inconstitucional por suposta afronta à parte final do art. 7º, XXVIII, da Constituição Federal. A melhor exegese sistêmica da ordem constitucional garante legitimidade ao parágrafo único do art. 927 do novo Código Civil, uma vez que o *caput* do art. 7º da Constituição Federal assegura um rol de direitos mínimos sem prejuízo de outros que visam à melhor condição social do trabalhador (DALLEGRAVE NETO, 2010, p. 392).

Diante do exposto, conclui-se pela absoluta aplicabilidade da teoria da responsabilidade objetiva nas hipóteses de acidente de trabalho quando o empregador explora atividade de risco, prevalecendo a corrente doutrinária que defende tal constitucionalidade, como se depreende das recentes decisões do Tribunal Superior do Trabalho:

> A) AGRAVO DE INSTRUMENTO EM RECURSO DE REVISTA. ACIDENTE DE TRABALHO. RESPONSABILIDADE OBJETIVA DO EMPREGADOR. MOTORISTA DE CAMINHÃO. Constatada a aparente violação do art. 927, parágrafo único, do CC, dá-se provimento ao agravo de instrumento para determinar o prosseguimento do recurso de revista. Agravo de instrumento conhecido e provido. B) RECURSO DE REVISTA. ACIDENTE DE TRABALHO. RESPONSABILIDADE OBJETIVA DO EMPREGADOR. MOTORISTA DE CAMINHÃO. Esta Corte tem entendido que o art. 7º, XXVIII, da Constituição Federal, ao consagrar a teoria da responsabilidade subjetiva, por dolo ou culpa do empregador, não obsta a aplicação da teoria da responsabilidade objetiva às lides trabalhistas, mormente quando a atividade desenvolvida pelo empregador pressupõe a existência de risco potencial à integridade física e psíquica do trabalhador, e o acidente ocorreu na vigência do novo Código Civil. Efetivamente, o art. 7º da Constituição da República, ao elencar o rol de direitos mínimos assegurados aos trabalhadores, não exclui a possibilidade de que outros venham a ser reconhecidos pelo ordenamento jurídico infraconstitucional, tendo em mira que o próprio *caput* do mencionado artigo autoriza ao intérprete a identificação de outros direitos, com o objetivo da melhoria da condição social do trabalhador. De outra parte, a teoria do risco da atividade empresarial sempre esteve contemplada no art. 2º da CLT, e o Código Civil de 2002, no parágrafo único do art. 927, reconheceu expressamente a responsabilidade objetiva para a reparação do dano causado a terceiros. No caso dos autos, o *de cujus* sofreu o acidente de trabalho que ocasionou o óbito quando exercia a função de motorista para o reclamado, motivo pelo qual é devida a reparação correspondente aos parentes da vítima, em razão dos danos morais e materiais. Recurso de revista conhecido e provido (RR: 10727952014515O127, Relator: Dora Maria da Costa, Data de Julgamento: 22/02/2017, 8ª Turma, Data de Publicação: DEJT 03/03/2017).

Importante adendo merece ser feito no que concerne à recente argumentação a favor da não aplicação do Código Civil às relações trabalhistas, tendo por base o art. 223-A, integrado à CLT pela Lei n. 13.467/17, Lei da Reforma Trabalhista. Inserido no Título II-A, o referido dispositivo estabelece que aos danos de natureza extrapatrimonial decorrentes da relação de trabalho aplicam-se apenas as normas constantes nos arts. 223-A a 223-G da CLT.

Ocorre que, a tentativa da Lei n. 13.467/17 "de isolar a nova regência normativa" (DELGADO; DELGADO, 2017, p. 145), do conjunto jurídico legal que a envolve, descaracterizando a perspectiva humanística trazida pela Constituição de 1988, pelas normas internacionais de proteção aos direitos humanos e pelos princípios do Direito do Trabalho, no sentindo de garantir máxima proteção ao trabalhador, não resiste a interpretações hermenêuticas extragramaticais. Nesse sentido, os autores afirmam também que:

> Mas a interpretação lógico-racional, sistemática e teleológica do preceito legal demonstra, às escâncaras, que há um conjunto normativo geral mais forte, superior, dado pela Constituição de 1988 e pelas normas internacionais de direitos humanos vigorantes no Brasil, que incide, sem dúvida, na regulação da matéria abrangida por esse título especial agora componente da Consolidação (GODINHO; DELGADO, 2017, p. 145).

A ausência de conceituação do dano moral demonstra que, havendo necessidade de integração jurídica, o Código Civil poderá ser plenamente aplicado, desde que compatível com a lógica celetista.

Por fim, Martinez (2016), na ânsia pelo julgamento a favor da aplicabilidade da responsabilidade objetiva em sede trabalhista, válido é perceber que a leitura isolada do inciso XXVIII não está apenas em desconformidade com seu próprio art. 7º da Constituição Federal, mas também em desconformidade com todo o protecionismo constitucional dedicado aos trabalhadores, sem mencionar ainda a desconexão com os princípios orientadores do Direito do Trabalho, a exemplo do princípio da proteção e da sua vertente *in dubio pro operário*, segundo a qual, diante de uma única disposição suscetível a diferentes interpretações, deverá ser adotada aquela que seja mais benéfica ao trabalhador.

8.2. Nexo de causalidade

O nexo de causalidade é um dos elementos necessários à configuração da responsabilidade civil, tanto subjetiva quanto objetiva. Nas palavras de Brandão (2015, p. 160), "é o vínculo necessariamente estabelecido entre a ocorrência do infortúnio da lesão sofrida pelo empregado". É uma relação de causa e efeito estabelecida entre o fato da vida e o dano sofrido pelo empregado. Segundo Oliveira (2014), o nexo causal é o primeiro elemento a ser observado, uma vez que, se ausente, ou seja, se a execução do serviço não der causa ao acidente ou à doença, não há que se analisar a extensão do dano ou a culpa do empregador.

No contrato de trabalho, o nexo causal, ao lado do dano, se aplica às duas espécies de responsabilidade civil, subjetiva e objetiva, devendo ser comprovado pelo trabalhador, uma vez que não está dispensado desse ônus, apesar de não precisar provar a culpa patronal na hipótese objetiva. Tal entendimento é extraído do próprio Código Civil, cujos dispositivos legais não prescindem o vínculo causal para a configuração do dever de reparação:

> Art. 186. Aquele que, por ação ou omissão voluntária, negligência ou imprudência, violar direito e causar dano a outrem, ainda que exclusivamente moral, comete ato ilícito.
>
> [...]
>
> Art. 927. Aquele que, por ato ilícito (arts. 186 e 187), causar dano a outrem, fica obrigado a repará-lo.

> Parágrafo único. Haverá obrigação de reparar o dano, independentemente de culpa, nos casos especificados em lei, ou quando a atividade normalmente desenvolvida pelo autor do dano implicar, por sua natureza, risco para os direitos de outrem (BRASIL. CC, Lei n. 10.406, de 10 de janeiro de 2002).

Conforme destaca Oliveira (2014), a importância de se estudar o nexo causal, elemento necessário à configuração da responsabilidade civil, cumpre perceber que há, nos antecedentes de qualquer dano, uma série de condições que influenciam, em maior ou menor grau, para sua ocorrência. Por essa razão, diversas teorias foram desenvolvidas a fim de identificar quais desses fatores condicionais podem ser classificados como causas determinantes do dano.

A partir da análise do art. 403 do Código Civil: "Ainda que a inexecução resulte de dolo do devedor, as perdas e danos só incluem os prejuízos efetivos e os lucros cessantes por efeito dela direto e imediato, sem prejuízo do disposto na lei processual", percebe-se que o legislador brasileiro acolheu e positivou a teoria do dano direto e imediato, segundo a qual será considerada causa apenas a condição que direta e imediatamente levou ao dano. De acordo com Oliveira (2014), a doutrina e a jurisprudência também têm adotado a teoria da causalidade adequada, em que é preciso identificar, dentre as condições, quais estavam mais aptas a produzir o resultado danoso.

Para Oliveira (2014), a lei acidentária divide o nexo causal em três modalidades: causalidade direta — quando é possível estabelecer uma vinculação imediata entre a execução da atividade e o acidente *lato sensu*; concausalidade — quando o acidente ocorrer por múltiplas causas, de origem laboral e extralaboral; e causalidade indireta — em que o fato gerador do acidente está ligado apenas de forma indireta ao contrato de trabalho, não está ligado à sua execução em sentido estrito. Entretanto, essa última modalidade não se aplica no âmbito da responsabilidade civil pela reparação do dano, uma vez que a execução do contrato de trabalho precisa dar causa ao dano. "Ainda que o infortúnio tenha mais de uma causa, restará caracterizado o acidente de trabalho, caso a execução do contrato tenha sido uma das causas que concorreram diretamente para a morte ou incapacidade do empregado" (DALLEGRAVE NETO, 2010, p. 203).

A respeito das hipóteses elencadas na lei previdenciária, classificadas como causalidade indireta, diversas delas podem servir de exemplo de excludentes do nexo causal na responsabilidade civil por acidentes de trabalho, uma vez que não tem relação direta com a execução do contrato e nem poderiam ser evitados pelo empregador. As principais excludentes de causalidade elencadas pela doutrina são: culpa exclusiva da vítima, caso fortuito ou de força maior e fato de terceiro. Como bem destaca Dallegrave Neto (2010, p. 204), "por serem enquadradas como fato impeditivo do direito de indenizar, o ônus da prova será sempre do réu empregador".

Acerca da primeira delas, a culpa exclusiva da vítima se configura quando a conduta do empregado for a única causa para a deflagração do acidente de trabalho. De acordo com Oliveira (2014), isso pressupõe que todas as normas legais, contratuais, convencionais e regulamentares foram cumpridas e que o dever geral de cautela foi atendido, restando como causa a conduta da vítima. Importa destacar que, quando a vítima concorrer com a culpa, não se trata de exclusão do nexo de causalidade e sim da possibilidade de amenização da indenização reparatória, uma vez que restará presente o vínculo causal com a atividade laboral.

Quanto ao caso fortuito ou de força maior, inicialmente vale citar que, em que pese as diferenciações doutrinárias acerca dos dois conceitos, esses dois institutos são normalmente utilizados em conjunto nos dispositivos legais, por isso dispensa maiores digressões. Ambos os institutos podem ser corretamente conceituados como circunstâncias que, por serem imprevisíveis e irresistíveis, fogem de qualquer controle ou diligência do empregador (OLIVEIRA, 2014).

De acordo com o art. 501 da CLT, "entende-se como força maior todo acontecimento inevitável, em relação à vontade do empregador, e para a realização do qual este não concorreu, direta ou indiretamente". Não havendo a concorrência do empregador — leia-se, se o dano não ocorreu em razão do exercício do contrato de trabalho —, não há que se falar em nexo causal com a relação laboral.

Conforme Oliveira (2014), cumpre destacar que, para a caracterização do fortuito ou da força maior, é preciso que tal circunstância causal seja imprevisível ou inevitável, pois, uma vez comprovada a situação oposta e que o empregador nada fez para evitá-la, permanecendo inerte nos seus deveres de manutenção da incolumidade da saúde do trabalhador, há configuração do nexo causal entre a omissão do empregador e o dano sofrido pelo empregado, caracterizando também culpa empresarial.

Curiosamente, o que diz respeito ao fortuito interno é circunstância imprevisível e inevitável que está diretamente relacionada ao contexto da atividade empresarial.

Segundo Oliveira (2014), por estar francamente vinculada à realização da atividade laboral, a jurisprudência e doutrina entendem que, mesmo se tratando de hipótese fortuita, não será considerada excludente da responsabilidade principalmente quando essa for objetiva, incluindo-a em um conceito mais amplo de risco do negócio. Vale reprodução do posicionamento do Tribunal Superior do Trabalho — TST a esse respeito:

> AGRAVO DE INSTRUMENTO. RECURSO DE REVISTA. CASO FORTUITO INTERNO. FATOR NÃO EXCLUDENTE DA RESPONSABILIDADE OBJETIVA. ATIVIDADE DE RISCO. TRANSPORTE DE PASSAGEIROS. MOTORISTA DE ÔNIBUS. MAL SÚBITO. COLISÃO. SEQUELAS. INDENIZAÇÃO POR DANOS MORAIS. Demonstrado no agravo de instrumento que o recurso de revista preenchia os requisitos do art. 896 da CLT, quanto ao tema em epígrafe, dá-se provimento ao agravo de instrumento, para melhor análise da

arguição de violação do art. 927 do CCB, suscitada no recurso de revista. Agravo de instrumento provido. RECURSO DE REVISTA. CASO FORTUITO INTERNO. FATOR NÃO EXCLUDENTE DA RESPONSABILIDADE OBJETIVA. ATIVIDADE DE RISCO. TRANSPORTE DE PASSAGEIROS. MOTORISTA DE ÔNIBUS. MAL SÚBITO. COLISÃO. SEQUELAS. INDENIZAÇÃO POR DANOS MORAIS. O novo CCB/2002, em seu art. 927, parágrafo único, suscitou uma nova leitura no que tange à responsabilidade civil no âmbito laboral, à luz do art. 7º, *caput*, da CF. Assim, tratando-se de atividade empresarial, ou de dinâmica laborativa (independentemente da atividade da empresa), fixadoras de risco especialmente acentuado para os trabalhadores envolvidos, desponta a exceção ressaltada pelo dispositivo, tornando objetiva a responsabilidade empresarial por danos acidentários (responsabilidade em face do risco). Todavia, preserva-se a compreensão de ser incabível a responsabilidade objetiva do empregador quando se tratar de acidente submetido ao Código Civil/1916. O caso dos autos trata de acidente de trabalho verificado antes da vigência do Código Civil de 2002, marco geral em que foi inserida expressamente a hipótese de responsabilidade objetiva, conforme explicitado. No entanto, o dano relatado na presente demanda não se insere nas disposições comuns retratadas no Código Civil de 1916, por se tratar de acidentes sofridos em 1987 e 1988, por motorista de ônibus, quando do exercício de suas funções. Na hipótese, o acidente de trabalho retratado atrai a responsabilidade civil objetiva do empregador, a qual prescinde da comprovação de culpa, por força do art. 17 do Decreto n. 2.681, de 7 de dezembro de 1912, aplicável à época do acidente. Por outro lado, há que se ressaltar que, nas hipóteses de aplicação da teoria do risco, não se considera excludente da responsabilidade objetiva quando se tratar de caso fortuito interno, considerado como tal o fato imprevisível ligado à atividade do empregador e acobertado pelo conceito de risco mais amplo, razão pela qual se mantém a responsabilização objetiva do empregador. No caso concreto, esclareça-se que o ex-empregado

> ajuizou ação trabalhista pleiteando indenizações decorrentes de acidente de trabalho. Posteriormente, houve sucessão processual pelo Espólio ante o falecimento do ex-empregado, cuja causa não se relaciona ao acidente ocorrido. O ex-empregado, motorista de ônibus, sofreu acidente de trabalho ao colidir com outro veículo em decorrência de queda brusca de pressão, que provocou desmaio sobre o volante, vindo a fraturar a perna esquerda e o seu encurtamento e a sofrer traumatismo na face. Fixadas tais premissas, e considerando o fato de que a Reclamada exerce a atividade econômica de transporte coletivo de passageiros, não há dúvida quanto ao risco da atividade exercida pelo obreiro — motorista de ônibus. Deve, portanto, ser aplicada a responsabilidade objetiva sob o enfoque da existência de caso fortuito interno, pois a possibilidade, ainda que imprevisível, de o motorista vir a ser acometido de mal súbito e, com isso, causar algum acidente, relaciona-se com os riscos da atividade desenvolvida pelo obreiro. Recurso de revista conhecido e provido (RR-56300-47.2006.5.02.0080, Relator Ministro Mauricio Godinho Delgado, Data de julgamento: 26/06/2013, 3ª Turma, Data de publicação: DEJT 01/07/2013).

Pode concluir, portanto, que, para desconfigurar o nexo causal, o fortuito, além de imprevisível e inevitável, deve também ser externo à atividade, sob prejuízo de ser configurado como risco inerente ao exercício da atividade econômica, como bem ilustrado na decisão acima.

Acerca do fato de terceiro, esse é entendido como o ato lesivo praticado por pessoa que não seja o empregado nem o empregador ou seus prepostos. Como a lei acidentária equipara esse tipo de dano ao acidente de trabalho, art. 21 da Lei n. 8.213/91, a vítima terá direito ao benefício previdenciário, mas não fará jus à indenização civil patronal uma vez ausente o nexo de causalidade.

Nas palavras de Oliveira (2014, p. 187), "apenas o fato de o acidente ter ocorrido durante a jornada de trabalho não gera necessariamente o liame causal para fins de responsabilidade civil do empregador, se a prestação de serviços não tiver pelo menos contribuído para o infortúnio". Entretanto, se o exercício da atividade laboral de alguma forma facilitou ou aumentou a possibilidade de ocorrência do dano, ainda que causado por terceiro, há constatação da existência do nexo causal, tendo como apoio a teoria do risco criado (OLIVEIRA, 2014). No que concerne à concausalidade, anteriormente já vista, resta apenas destacar um importante aspecto: em que pese haver a influência de causas estranhas ao trabalho, se pelo menos uma causa laboral contribuir diretamente para o aparecimento ou agravamento do dano, estará configurado o nexo causal. Assim, apesar de para a Previdência não haver necessidade de mensurar o grau de influência de cada concausa, para fins de indenização civil, é possível realizar a gradação a cada uma delas. Tal gradação normalmente é feita por perito do juízo, designado pelo juiz para esclarecer a matéria técnica.

Acerca da gradação das concausas, vale reproduzir o entendimento do ilustre autor:

> Se a contribuição do trabalho for desprezível ou indireta, não haverá concausa, mas apenas adoecimento por causa extralaboral, não equiparada ao acidente de trabalho. Por outro lado, se a contribuição do trabalho for praticamente total, também não há falar em concausa, mas apenas em doença de causa exclusivamente ocupacional. (...) não é justo nem razoável deferir o mesmo valor indenizatório, tanto na hipótese de uma leve contribuição da atividade profissional para o advento da doença ocupacional, quanto na situação da patologia causada integralmente por fatores relacionados ao trabalho (OLIVEIRA, 2014, p. 172-173).

Dessa forma, pode concluir que cabe ao juiz fixar uma indenização justa, levando em consideração o grau de influência que a concausa trabalhista teve sobre a ocorrência do dano, reduzindo o valor indenizatório, equitativamente, quando o grau de influência for baixo.

8.3. Deveres de proteção e segurança do empregador

Como visto anteriormente, é dever do empregador zelar pela integridade física e mental de seus empregados, o que decorre diretamente da Constituição Federal de 1988 que dispõe, em seu art. 7º, XXVIII, ser direito de todos os trabalhadores, urbanos e rurais, o seguro contra acidentes de trabalho, a cargo do empregador, além da indenização a que este está obrigado quando agir com dolo ou culpa.

> O ordenamento jurídico trabalhista foi edificado num contexto histórico de preocupação com as condições de trabalho do operariado, impondo redução de longas jornadas, regulamentando o trabalho da mulher e do menor em função da sua fragilidade social e, sobretudo, buscando preservar a integridade biológica do trabalhador. As situações sociais inspiram normas de proteção e, vez por outra, atuam no sentido de prestigiar o hipossuficiente diante das inovações que o capital cria na busca incessante por lucro (MACHADO, 2013, p. 9).

Tal preocupação com a saúde do trabalhador nos leva à cláusula de incolumidade, também chamada de dever geral de segurança, que impõe implicitamente ao trabalhador o dever de cumprir as obrigações de segurança definidas em lei, em normas coletivas e no contrato individual de trabalho. Ademais, em caso de descumprimento das referidas normas, ao agir com dolo ou culpa, impõe o dever de indenizar seus empregados que forem vítimas de acidente do trabalho.

Segundo Cairo Jr. (2014), a referida cláusula integra o conteúdo legal mínimo do contrato de trabalho, composto, dentre outras, por normas de medicina, higiene e segurança do trabalho. Assim, mesmo que nada tenha sido expressamente convencionado, ou ainda, mesmo que tenha havido apenas um pacto verbal entre as partes, as disposições legais impõem direitos e deveres a ambas, integrando os deveres do empregador a obrigação de manter a incolumidade física e psíquica do empregado.

A Consolidação das Leis do Trabalho dedica um capítulo inteiro para tratar das normas de segurança e medicina do trabalho (Título II, Capítulo V). Em seu art. 157, a CLT dispõe que cabe às empresas:

> I — cumprir e fazer cumprir as normas de segurança e medicina do trabalho;
>
> II — instruir os empregados, através de ordens de serviço, quanto às precauções a tomar no sentido de evitar acidentes do trabalho ou doenças ocupacionais;
>
> III — adotar as medidas que lhes sejam determinadas pelo órgão regional competente;
>
> IV — facilitar o exercício da fiscalização pela autoridade competente.

Entretanto, como bem assevera Cairo Jr. (2014), diversos são os fatores que contribuem para o não cumprimento de tais obrigações. Dentre eles, é possível destacar o custo para implementação das medidas de segurança (equipamentos, cursos, fiscalizações), a deficiência da fiscalização pelos órgãos competentes, o valor ínfimo das multas administrativas aplicadas em caso de descumprimento e o excesso de normas regulamentadoras, de observância obrigatória pelas empresas privadas e públicas e pelos órgãos públicos que possuam empregados regidos pela CLT.

Conforme entende Cairo Jr. (2014), todas essas alternativas buscam a melhoria das condições do meio ambiente de trabalho e, consequentemente, do próprio trabalho, por meio da implantação de medidas que proporcionem a redução dos riscos causadores dos acidentes laborais. Para propiciar a constante verificação do cumprimento das normas de segurança, higiene e medicina do trabalho, a lei exige a criação de órgãos de fiscalização, a exemplo da Comissão Interna de Prevenção de Acidentes (CIPA) e a instalação de programas que visam a prevenção de acidentes, como o Programa de Prevenção de Riscos Ambientais (PPRA) e o Programa de Controle Médico de Saúde Ocupacional (PCMSO).

O referido dever do empregador de proporcionar ao empregado um meio ambiente de trabalho saudável está inserido no contexto das previsões constitucionais dos direitos fundamentais dos trabalhadores a uma vida digna. Nesse sentido, a Constituição Federal de 1988 prevê em seu art. 225 que é direito de todos o meio ambiente ecologicamente equilibrado, reconhecendo-o como essencial à sadia qualidade de vida e, em seu art. 200, VIII, prevê ainda que o conceito de meio ambiente compreende o meio ambiente de trabalho, segundo Brandão (2015), afinal, não há como se falar em qualidade da vida humana sem que exista qualidade no trabalho e isso inclui um meio ambiente laboral equilibrado e sustentável.

Outrossim, a exegese constitucional leva a perceber o valor do trabalhador enquanto ser humano, sujeito de direitos e obrigações, e não um mero fator de produção. Nesse diapasão, o direito ao meio ambiente de trabalho equilibrado, e o consequente dever de sua proteção pelo Poder Público e por toda coletividade, resulta no próprio direito à integridade e incolumidade do trabalhador, independente de para quem ou onde exerça suas atividades.

Por fim, uma importante observação cabe ser feita. Em que pese todas as obrigações tratadas acima terem origem legal — *lato sensu*, essas se incorporam ao contrato de trabalho, ainda que implicitamente, e, portanto, têm natureza de obrigação contratual. A esse respeito:

> A própria existência de um liame prévio serve para corroborar a assertiva em relação à contratualidade da responsabilidade civil do empregador. As disposições legais específicas e imperativas, que se trasmudam em cláusulas contratuais, determinando ao empregador adotar medidas de prevenção contra acidentes no trabalho, também reforçam a tese da responsabilidade civil contratual (CAIRO JR., 2014, p. 108).

Como visto acima, quando se trata da responsabilidade contratual e extracontratual, a principal consequência dessa classificação diz respeito ao ônus probatório. No âmbito contratual, a culpa pelo descumprimento de uma obrigação é presumida, cabendo ao devedor comprovar o seu cumprimento. Dessa forma, diante de um acidente de trabalho, cabe ao empregador comprovar que adotou todas as medidas preventivas estabelecidas por lei, normas coletivas, regulamentos, instruções, dentre outras ou comprovar a existência de alguma excludente do nexo de causalidade, como visto acima, sob pena de condenação.

Capítulo 9

Responsabilidade Civil no Teletrabalho

A configuração da responsabilidade civil do empregador, diante de acidentes de trabalho e doenças ocupacionais decorrentes do exercício de atividades por meio do regime de teletrabalho, é um tema que está intimamente conectado aos deveres do empregador de manutenção da incolumidade do empregado, aí incluídos os deveres, acima discutidos, de informação, fornecimento de materiais adequados e de fiscalização, tanto do meio ambiente de trabalho quanto da realização das atividades e jornada de trabalho.

Em que pese a dificuldade de analisar o tema no cenário jurídico atual, com uma nova, e ainda insuficiente, legislação acerca do teletrabalho, o presente trabalho se propõe a delinear algumas premissas que podem ser utilizadas para melhor esclarecimento do assunto. Nesse sentido, a primeira premissa aqui defendida é que, em razão da natureza das atividades desenvolvidas nessa modalidade de contrato trabalhista, não é possível se falar em responsabilidade objetiva do empregador pelos danos causados ao teletrabalhador.

Segundo Wülfing (2014), não há, na principal doutrina acerca do teletrabalho e na jurisprudência, menção alguma a qualquer atividade de risco que seja desenvolvida por meio do teletrabalho. Pelo contrário, são elencadas atividades como: arquivamento, digitação, venda de produtos, corretagem, informática, jornalismo, gerenciamento de organizações sociais, advocacia, serviços telefônicos, tradução, seguro, gestão de bancos de dados, *design*, arquitetura, setor financeiro, colunistas, redação de *blogs* e determinados serviços públicos. Em que pese esse ser um quadro meramente exemplificativo, percebe-se, pela própria natureza dos serviços prestados no teletrabalho, que se realizam fora da sede do empregador e por meio de instrumentos telemáticos, a incompatibilidade com o conceito de atividade de risco.

Dessa forma, a responsabilidade civil do empregador pelos acidentes de trabalho só poderá ocorrer se estiverem presentes os requisitos configuradores da responsabilidade subjetiva: dano, nexo de causalidade e o elemento subjetivo, dolo ou culpa. Como já estudado, o dano é caracterizado pela redução ou destruição do patrimônio de uma pessoa, seja moral ou material (CAIRO JR., 2014). Já o nexo causal do acidente de trabalho, resumidamente, é estabelecido quando o dano sofrido pelo empregado resultar do exercício das atividades laborais. O elemento subjetivo ou volitivo, por sua vez, resta presente quando o empregador age com dolo, ou seja, com a intenção de produzir o dano, ou com culpa, que se configura tanto pela violação de norma legal quanto pelo descumprimento do "dever geral de cautela" (DALLEGRAVE NETO, 2010, p. 376), quando age com negligência, imprudência ou imperícia.

Nesse cenário, a responsabilidade civil do empregador, ou seja, o dever de reparar o dano causado ao empregado, irá surgir em face ao descumprimento de suas obrigações legais ou contratuais. Dessa forma, caso não zele pela saúde e segurança dos seus empregados, o que caracteriza a culpa, irá ser responsabilizado civilmente diante à ocorrência de um dano:

> DANO. ACIDENTE DO TRABALHO. CULPA DO EMPREGADOR. A lei incumbe o empregador de zelar pela integridade física dos seus empregados. Nesse sentido,

> o art. 157 da CLT determina às empresas: "I — cumprir e fazer cumprir as normas de segurança e medicina do trabalho". Assim também dispõe o § 1º do art. 19 da Lei n. 8.213/91, depois de definir o acidente do trabalho: "A Empresa é responsável pela adoção e uso das medidas coletivas e individuais de proteção e segurança da saúde do trabalhador". O risco do negócio é sempre do empregador; assim sendo, quanto mais perigosa a operação, quanto mais exposto a risco estiver o empregado, tanto mais cuidado se exige daquele quanto à prevenção de acidentes. Nesse diapasão, evidencia-se a culpa do empregador pelo infortúnio acontecido ao empregado, quando o primeiro não se desincumbe das determinações previstas pelos dispositivos legais sobreditos e, além disso, descumpre a NR-12, item 12.2.2, do Ministério do Trabalho e Emprego, ao não instalar dispositivo de segurança para o acionamento da máquina utilizada pelo empregado" (TRT-3 — RO: 1127606 01616-2005-075-03-00-7, Relator: Sebastiao Geraldo de Oliveira, Segunda Turma, Data de Publicação: 18/08/2006, DJMG. Página 9. Boletim: Não).

É nesse fundamento que se definirá as próximas premissas a serem concluídas no presente trabalho. No estudo do teletrabalho, percebe-se que ganha maior notoriedade as obrigações empresariais de instrução (arts. 75-E e 157, II da CLT), de fornecimento e manutenção dos equipamentos necessários à realização das atividades (exegese do art. 75-D da CLT à luz do art. 2º do mesmo diploma legal) e de fiscalização (art. 157, I, combinado com o art. 2º, *caput*, ambos da CLT), seja em razão das peculiaridades dessa modalidade de contrato de trabalho ou das controvérsias que circundam a legislação a seu respeito. Às demais obrigações do empregador, acima tratadas, não será dado destaque, tendo em vista não terem especificidades no tema da responsabilidade acidentária no teletrabalho, devendo ser aplicado o mesmo regramento próprio do contrato de trabalho comum.

Conforme descrito no art. 75-E da CLT, em relação ao dever de instruir os tele-empregados, de maneira expressa e ostensiva, quanto às normas de medicina e segurança do trabalho e às precauções gerais a serem tomadas no sentido de evitar acidentes, incumbe ao tele-empregador a efetiva veiculação de tais instruções, não bastando a simples vigência dessas (CARRION, 2015). Decorre do parágrafo terceiro do art. 19 da Lei n. 8.213, de 1991, a obrigação de o empregador fornecer informações pormenorizadas sobre os riscos relacionados à atividade a ser desenvolvida, devendo adotar todas as medidas que estejam a seu alcance para instruir seus empregados, sob pena de ver configurada sua culpa por omissão (CARRION, 2015).

Caso o empregador não consiga se desincumbir do ônus de provar que adotou todas as medidas possíveis para instruir seus empregados, restará caracterizada sua negligência e, estando presentes o dano e o nexo causal, se configurará sua responsabilidade indenizatória, sem exclusão de multas administrativas ou, ainda, de eventual responsabilidade penal. É esse o entendimento que vem sendo adotado pela jurisprudência brasileira.

Adota-se, portanto, a premissa de que deverá ser dado o idêntico tratamento nos casos de acidente no teletrabalho. Já em relação à expressão conceituada pelo art. 75-E no sentido de que a instrução deve ser expressa e ostensiva, apenas a experiência mostrará quais práticas devem ser adotadas pelo tele-empregador a fim de cumprir a determinação legal. Entretanto, recomenda-se que, além de adotar todas as medidas previstas nas normas regulamentadoras do Ministério do Trabalho, o tele-empregador realize palestras periódicas no estabelecimento da empresa ou por meio de vídeos a serem enviados aos tele-empregados, a confecção de cartilhas informativas, o constante envio de *e-mails* elucidativos, dentre outras.

Adentrando a responsabilidade do tele-empregador pelos materiais necessários à realização das atividades e à composição da estrutura do ambiente de trabalho, ainda que esse seja a casa do tele-empregado, como já visto anteriormente, entende-se que o art. 75-D da CLT deve ser interpretado conforme o art. 2º da CLT, atribuindo ao titular dos riscos da atividade econômica o encargo pelo fornecimento e manutenção de tais materiais.

Nesse sentido, defende-se a premissa de que cabe ao empregador o fornecimento dos materiais necessários à realização do teletrabalho (computador, teclado, impressora, papel, luminária, cadeira etc.), em perfeitas condições e em absoluta conformidade com as normas de segurança e medicina do trabalho, bem como o fornecimento de manutenção periódica a esses equipamentos.

Ocorrendo o dano em razão de defeito nos materiais fornecidos (nexo causal) e não se desincumbindo do ônus de provar que os equipamentos foram fornecidos em perfeitas condições e que realizava manutenções periódicas, o tele-empregador responderá pelos danos causados ao tele-empregado, uma vez que restará configurada a culpa necessária à imputação da responsabilidade civil, bem como a condenação à indenização ressarcitória.

> Todas essas irregularidades e omissões do empregador deixam claro que, na ocorrência de acidente do trabalho, não pode alegar que o dano causado ao empregado foi devido ao caso fortuito ou força maior. O evento danoso era perfeitamente previsível e prevenível e o empregador só se exonera da responsabilidade se provar a culpa exclusiva da vítima (CAIRO JR., 2014, p. 107).

Capítulo 10

Acidentes no Teletrabalho

A Constituição Federal, em seu art. 7º, incisos XXII e XXVIII, bem como a CLT, em seu art. 157, dispõem sobre a proteção ao meio ambiente de trabalho como forma de evitar a ocorrência de acidentes na esfera trabalhista. O art. 19 da Lei n. 8.213/91 também regula o assunto:

> Art. 19. Acidente de trabalho é o que ocorre pelo exercício do trabalho a serviço da empresa ou pelo exercício do trabalho dos segurados referidos no inciso VII do art. 11 desta lei, provocando lesão corporal ou perturbação funcional que cause a morte ou a perda ou redução, permanente ou temporária, da capacidade para o trabalho.

Uma vez configurado o acidente de trabalho, o empregado receberá o auxílio-acidentário do INSS, independentemente de ter concorrido com culpa ou dolo para a ocorrência do acontecimento danoso. A responsabilidade indenizatória do empregador, contudo, não será automática, sendo aplicável a estes casos o disposto nos arts. 186 e 927 do Código Civil.

A jurisprudência do TST é clara neste sentido:

> AGRAVO DE INSTRUMENTO. RECURSO DE REVISTA INTERPOSTO SOB A ÉGIDE DA LEI N. 13.015/2014 — DESCABIMENTO. ACIDENTE DO TRABALHO. INDENIZAÇÃO POR DANO MORAL. RESPONSABILI-

> DADE CIVIL DO EMPREGADOR. CULPA EXCLUSIVA DA VÍTIMA. EXCLUDENTE DE RESPONSABILIDADE. A responsabilidade do empregador por danos decorrentes de acidente do trabalho vem tratada no art. 7º, XXVIII, da Carta Magna, exigindo, em regra, a caracterização de dolo ou culpa. Também o Código Civil, nos seus arts. 186 e 187, consagra a subjetividade como regra geral, no tocante à reparação por danos, lastreando-se na hipótese da ocorrência de culpa. Assim, a teoria do risco da atividade econômica, que implica em responsabilidade objetiva, restringe-se a situações excepcionais, estabelecidas no parágrafo único do art. 927 do CCB. Não se afasta, de plano, a aplicação da hipótese excepcional à situação envolvendo acidente do trabalho, sendo necessário entender, especificamente, como seria essa atividade econômica a atrair, instantaneamente, a teoria do risco de seu desenvolvimento. Ocorre que, ainda que se divise responsabilidade objetiva em razão de acidente do trabalho, uma vez constatada a culpa exclusiva da vítima, impossível o reconhecimento da responsabilidade civil do empregador. Isso porque a configuração de uma das hipóteses de excludente da responsabilidade civil tem o condão de afastar o nexo de causalidade. Agravo de instrumento conhecido e desprovido (AIRR-2442-35.2012.5.09.0068, 3ª Turma, Relator Ministro Alberto Luiz Bresciani de Fontan Pereira, Data de julgamento: 02/09/2015, 3ª Turma, Data de publicação: DEJT 11/09/2015).

Pelo conteúdo transcrito, é possível observar que o legislador trabalhista determinou a necessidade de estabelecimento de nexo causal entre o acidente e a relação empregatícia. Assim, é imprescindível que o empregado, no momento da ocorrência do fato danoso, esteja a serviço do empregador ou à sua disposição, de modo a permitir a vinculação entre o acidente e o trabalho prestado, sob pena de ficar caracterizada a culpa exclusiva da vítima, não gerando qualquer direito à indenização.

> Em outras palavras, provocada a culpa (proveniente de negligência, imprudência ou imperícia) ou o dolo

> (intenção consciente), que ocasione dano à outra parte, haverá responsabilidade do agente. Ao contrário, não havendo ato ilícito (baseado no dolo ou culpa), inexiste responsabilidade de indenizar ou reparar o dano (TEIXEIRA JR., 2011, p. 85).

Nesta perspectiva, a Lei n. 13.467/17, ao introduzir o regramento relativo ao trabalho remoto, estabeleceu a responsabilidade do empregador pela segurança e fiscalização do meio ambiente utilizado pelo teletrabalhador para a prestação de serviços. É certo que a fiscalização diária é inviável em razão das características próprias dessa modalidade de contratação, contudo, o fato de o empregado trabalhar em local diverso da sede empresarial não constitui motivo suficiente para a inobservância das normas de medicina e segurança do trabalho. Por isso, o art. 75-E da CLT estabelece o dever do empregado de assinar um termo de responsabilidade, se comprometendo a cumprir todas as instruções fornecidas pelo empregador relativas ao trabalho e à prevenção de acidentes.

Ocorre que, as disposições acerca do acidente de trabalho no capítulo celetista referente ao teletrabalho são abstratas, não especificando a real responsabilidade do empregador em casos de eventos danosos. Assim, a ausência de regulamentação expressa acerca dos desdobramentos do acidente de trabalho faz com que pairem diversos questionamentos sobre responsabilidade civil do empregador nessa modalidade de contratação.

10.1. Acidentes mais frequentes no teletrabalho

Após a análise do acidente de trabalho e suas espécies, bem como os principais liames da responsabilidade civil, cabe adentrar o âmbito do teletrabalho analisando quais os principais acidentes que acometem tal modalidade de contrato de trabalho. Inicialmente, cumpre enfatizar que os principais riscos e patologias que acometem essa modalidade se relacionam diretamente com o local e a organização do trabalho.

A esse respeito, deve-se primeiro ter em mente que o meio ambiente de trabalho do teletrabalhador não é o espaço físico da empresa, como comumente ocorre nas modalidades tradicionais de contrato de trabalho. O conceito de meio ambiente de trabalho é ampliado, abrangendo os centros de *teleworking*, o espaço urbano e o próprio domicílio do trabalhador. Dessa forma, "o conceito de meio ambiente do trabalho considera todas as condições físicas e psíquicas de trabalho, relacionadas à sadia qualidade de vida do trabalhador, empregado ou não" (NAHMIAS, 2017).

Em sua esmagadora maioria, os teletrabalhadores exercem suas atividades por intermédio de um computador, sentados diante de um monitor apoiado em uma mesa. A partir da visualização desse cenário, já é possível prever que os acidentes de trabalhado que mais acometem esse tipo de trabalhador estão relacionados a vícios ergonômicos e a lesões causadas por esforço repetitivo. Segundo Barros (2012), a inadequação dos elementos que compõem o ambiente de trabalho, como posição imprópria do monitor com computador, posicionamento desse contra a luz, mesa não plana e com dimensão insuficiente, assento não regulável e inadequado à estatura do trabalhador, podem provocar fadiga visual e problemas musculoesqueléticos na região dorso lombar, considerando que o teletrabalhador passa muito tempo em uma mesma posição.

> A inobservância dos padrões ergonômicos, a exposição a temperaturas inadequadas, fadiga ocular, ruído, são fatores causadores de danos a médio e longo prazo ao empregado, comuns no trabalho com computadores, assim como riscos de choques elétricos, pela má utilização dos equipamentos, sem que haja o resguardo pela legislação, ainda. A descentralização exigida pelo teletrabalho impõe sua organização temporal, a escolha das técnicas operativas, os instrumentos e os materiais empregados, permitindo, dentro de certos limites, adaptar o trabalho ao trabalhador (WINTER, 2005, p. 145-146).

Ademais, outro importante fator desencadeador de enfermidades que acomete com frequência os teletrabalhadores é o estresse, responsável por transtornos psicológicos e físicos. O estresse é causado por vários fatores relacionados tanto à vida pessoal quanto à profissão, sendo nessa última impulsionado por problemas no local e na organização do trabalho, sobrecarga e complexidade de tarefas, prazos a serem cumpridos, dentre outros. Às novas doenças ocupacionais, dá-se o nome de tecnoestresses.

Acerca do estresse laboral, é correto afirmar que:

> Assim, são causadores de maior tensão no teletrabalhador a repetitividade, a infrautilização de habilidades, o ritmo de trabalho, avaliado por programa de computador que permite medir o período de baixa atividade e emitir avisos disciplinares se a velocidade não atende os objetivos da empresa ou, em se tratando de tradutores, por exemplo, se os equipamentos, a par de registrar as páginas traduzidas, controlam os toques por minuto, os erros, o método de trabalho e as micropausas (BARROS, 2012, p. 219).

Some-se a isso o fato de que, em geral, o teletrabalho é realizado mediante a estipulação de prazos para a realização de determinadas atividades e é o teletrabalhador quem dita o seu ritmo de trabalho. Isso poderá induzi-lo ao desrespeito dos intervalos intrajornada e à extensão da jornada a limites muito acima do que os permitidos, causando também problemas de ordem social relacionados à convivência com os amigos e a família, o que se agrava quando o teletrabalho é realizado em domicílio.

Doenças como ansiedade, depressão, transtornos sociais e fobias, irritabilidade, desconcentração, problemas de sono, dores de cabeça, transtornos gastrointestinais, dentre outros vistos acima, podem decorrer de altos graus de estresse, acometendo o trabalhador e tendo por causa principal o trabalho.

Apesar da maior dificuldade probatória, resta presente todos os elementos configuradores da responsabilidade civil, cabendo ao empregador arcar com as devidas indenizações. Para evitar tais problemas, é recomendável que o empregador adote todas as medidas cabíveis de prevenção, respeitando os limites impostos pela própria condição do teletrabalho, o que será melhor tratado no próximo tópico, e estendendo aos teletrabalhadores todos os direitos comuns aos demais trabalhadores. Nesse mesmo sentido se posicionou o Tribunal Regional do Trabalho de Minas Gerais:

> Ementa: INDENIZAÇÃO POR DANOS MORAIS. DOENÇA PROFISSIONAL. CULPA DO EMPREGADOR. EMPREGADO EM DOMICÍLIO. O fato de o empregado trabalhar em domicílio não constitui, por si só, motivo para eximir o empregador da observância das normas de segurança e medicina do trabalho, colocando o trabalhador à margem da proteção legal que deve abranger "todos os locais de trabalho", sem distinção (art. 154 da CLT). É certo que não há como exigir do empregador, em semelhante circunstância, a fiscalização cotidiana dos serviços prestados, inclusive quanto à efetiva observância pelo empregado das normas de segurança e medicina, mesmo porque a casa é asilo inviolável do indivíduo, ninguém nela podendo penetrar sem o consentimento do morador, salvo em caso de flagrante delito ou desastre, ou para prestar socorro, ou, durante o dia, por determinação judicial, nos termos da garantia estatuída no art. 5º, inciso XI, da Constituição Federal. Essa particularidade, sem dúvida, constitui elemento que vai interferir na gradação da culpa do empregador em relação a eventual doença profissional constatada, mas não permite isentá-lo do cumprimento de obrigações mínimas, como a de instruir os empregados quanto às precauções a tomar no sentido de evitar acidentes do trabalho ou doenças ocupacionais, nos termos do art. 157, II, da CLT, além de fornecer mobiliário adequado, orientando o empregado quanto à postura correta (art. 199 da CLT), pausas para descanso etc (TRT-3 — RO: 1626808 00208-2006-143-03-00-2, Relator Ministro: Heriberto de Castro, 11ª Turma, Turma Recursal de Juiz de Fora, Data de publicação: DJMG 17/09/2008).

Verificado o descumprimento dessas obrigações primordiais pelo empregador, em face da sua omissão negligente no tocante aos cuidados com a saúde da empregada, é inegável a sua culpa no surgimento da doença profissional constatada, incidindo sua responsabilidade pela compensação do dano moral sofrido pela empregada.

Na Enciclopédia de Saúde e Segurança Ocupacional da OIT, Tessler (2011) destaca diversos riscos próprios do teletrabalho que se adicionam aos riscos de atividades tradicionais. O primeiro deles diz respeito à qualidade do ar dentro do ambiente doméstico, já que a maioria das casas não é equipada com sistemas de ventilação que proporcionem a constante troca de ar, sendo essa feita por meio da ventilação natural. Ocorre que a utilização de equipamentos como computador, impressora, fotocopiadora, *scanner* e outras máquinas próprias de escritório, que liberam vapores e gases poluentes, é nociva à saúde do trabalhador caso não haja constante renovação do ar interno.

Ademais, as fiações elétricas domésticas raramente são projetadas para suportar a demanda dos referidos equipamentos elétricos utilizados no teletrabalho, o que aumenta os riscos de curtos-circuitos e incêndios e, na ocorrência desses últimos, destacam-se os problemas relacionados à falta de extintores suficientes, planos inadequados de escape e saídas de emergências trancadas ou bloqueadas por outros objetos.

Na Enciclopédia de Saúde e Segurança Ocupacional da OIT, Tessler (2011) ainda destaca, veementemente, os problemas envolvendo ergonomia nas hipóteses de teletrabalho. Segundo o referido estudo, grande parte dos trabalhos desenvolvidos em casa dependem de mobiliário pessoal do empregado, o que aqui se refuta, tendo em vista a interpretação assumida por este trabalho no sentido de que os materiais serão fornecidos pelo empregador. A falta de condições no ambiente doméstico para a realização de ajustes necessários, mesas e prateleiras com superfícies inadequadas e falta de espaço, cadeiras desconfortáveis, iluminação insuficiente e outros fatores podem causar diversas lesões à saúde do trabalhador, a exemplo de problemas musculoesqueléticos decorrentes de posturas corporais incômodas, tensão ocular e distúrbios visuais.

10.2. Dever de segurança e proteção no teletrabalho

Como visto anteriormente, a CLT não diferencia o trabalho realizado no estabelecimento do empregador do trabalho realizado a distância, de forma que o teletrabalhador, cujo foco deste trabalho se destina, possui todos os direitos destinados ao empregado comum, destacando-se aqui o direito a um ambiente de trabalho saudável e seguro. Segundo Massi (2017), esse direito, inclusive, se inclui no rol dos direitos e garantias fundamentais trazidos na Constituição de 1988 e se destina ao meio ambiente de trabalho, independentemente do local em que o teletrabalhador execute suas atividades.

> Além dos dispositivos constitucionais já citados nesse estudo, vale lembrar o art. 170 da Constituição da República, ao dispor que a ordem econômica é fundada na valorização do trabalho humano, tendo por fim assegurar a todos a existência digna, conforme os ditames da justiça social, observando, entre outros princípios, a defesa do meio ambiente (inciso VI), aí incluído obviamente o laboral (art. 200, VIII, do estatuto jurídico fundamental) (MASSI, 2017, p. 96).

É certo que o tele-empregador possui os mesmos deveres de manutenção da incolumidade do tele-empregado que qualquer empregador possui em relação a empregado comum. Dessa forma, cabe ao tele-empregador cumprir e fazer cumprir as normas de segurança e medicina do trabalho, instruir os empregados em relação a tais normas e as precauções a serem tomadas na execução das atividades, bem como fiscalizá-las e facilitar o exercício da fiscalização pelas autoridades competentes a respeito da fiscalização como um todo; esse tema será melhor aprofundado no subtópico seguinte. Ademais, considerando a própria natureza do teletrabalho, há algumas peculiaridades que merecem ser discutidas, tendo em vista, principalmente, que a legislação brasileira acerca do teletrabalho é muito nova e ainda insuficiente para abarcar todas as nuances dessa modalidade.

Nesse sentido, o ambiente de trabalho do teletrabalhador ganha principal destaque devido à sua importância enquanto elemento desencadeador dos acidentes de trabalho próprios dessa modalidade, como visto acima. A infraestrutura do local de trabalho, nesse conceito incluídos todos os equipamentos para a realização das atividades, como mesas, cadeiras, estantes, computadores, telefones, impressoras, bem como as condições de tais equipamentos e condições próprias do local de iluminação, temperatura, ventilação, capacidade da rede elétrica —, é um grave fator de risco para acidentes e doenças ocupacionais caso estejam em desconformidade com as normas de segurança e medicina do trabalho.

10.3. O dever de fornecer os equipamentos adequados

No que concerne aos equipamentos tecnológicos e à infraestrutura necessária e adequada à realização dos trabalhos, bem como a eventuais reembolsos de gastos realizados pelo empregado, o art. 75-D, introduzido pela Lei n. 13.467/17, preceitua que as disposições relativas à responsabilidade pela aquisição, manutenção ou fornecimento desses serão estipuladas em contrato escrito, podendo tanto ser do empregador ou transferida ao empregado. Ocorre que tal estipulação vai de encontro à diretriz geral que se extrai da própria definição de empregador como aquele que, assumindo os riscos da atividade econômica, dirige e assalaria a prestação de serviços. Ora, parece óbvio que o investimento em tais equipamentos e na própria estrutura do ambiente de trabalho faz parte do risco da atividade econômica e, portanto, deve ser arcado pelo empregador.

De acordo com Betiatto (2017), as mudanças trazidas pela Reforma representaram um nado contra a maré em relação ao que vem sendo praticado ao redor do mundo: da legislação italiana é possível se extrair que a responsabilidade pelo fornecimento dos equipamentos é do empregador, bem como a responsabilidade pelo seu bom funcionamento, garantindo a segurança do empregado. Trata-se de uma consequência lógica, afinal, equipamentos de baixa qualidade ou em mau estado de funcionamento podem ensejar acidentes de trabalho, "cuja responsabilidade recairá sobre o empregador se esse não agir de forma a evitá-las ou minimizar seus efeitos" (BETIATTO, 2017, p. 50).

Ademais, sob as vestes de maior liberdade negocial entre as partes, o art. 75-D da CLT, se interpretado apenas gramaticalmente, possibilita que haja uma transferência do risco da atividade empresarial para o empregado, desde que por escrito, o que feriria de morte o princípio da alteridade. Por essa razão, Delgado e Delgado (2017, p. 139) defendem que "a regra do art. 75-D da CLT tem de ser interpretada em harmonia com a regra do art. 2º, *caput*, da mesma CLT, colocando sob o ônus do empregador esses custos inerentes ao teletrabalho".

Nesse mesmo sentido, é correto afirmar que:

> Ora, está expresso no texto que o contrato deverá prever a forma como o reembolso das despesas será efetivado. Por consectário lógico, obviamente, essas mesmas despesas deverão sempre ser reembolsadas, por imperativo legal. Em verdade, o que o contrato deverá prever são quais serão as regras no tocante a responsabilidade pela aquisição (quem vai ser o responsável por comprar, se o empregador ou o empregado), manutenção (o empregado ou o empregador dará a devida manutenção nos equipamentos) ou fornecimento dos equipamentos tecnológicos (do mesmo modo, quem irá fornecer, empregado ou empregador) e, por fim, da infraestrutura necessária e adequada à prestação do trabalho remoto. Fato é que, se a compra for efetivada pelo empregado, obrigatoriamente o reembolso deverá ocorrer na forma prevista no contrato (prazo para reembolso, forma de reembolso etc. (MIZIARA, 2017, p. 40).

Entretanto, uma ressalva merece ser feita. Caso os equipamentos utilizados no teletrabalho sejam também de uso particular do tele-empregado ou, inclusive, de sua família, como computador, papéis e cartucho de impressora, rede *wi-fi*, dentre outros, é possível que haja divisão dos encargos entre tele-empregador e tele-empregado, desde que devidamente estipulado em contrato escrito. É como a jurisprudência mineira vem se posicionando acerca do teletrabalho:

> *HOME OFFICE* — AUSÊNCIA DE FISCALIZAÇÃO E CONSEQUENTE CONTROLE DE JORNADA — INCIDÊNCIA DE EXCEÇÃO LEGAL [...]

Uma vez mais, a razão não acompanha o recorrente. Comungo da conclusão originária, relativamente aos valores despendidos a título de internet e, supostamente, também em viagens, *in verbis*:

> DO REEMBOLSO DE DESPESAS COM INTERNET BANDA LARGA. O reclamante admite que recebia o reembolso de apenas 50% da despesa com a contratação da banda larga, cujas faturas foram juntadas com a inicial. Entretanto, em se tratando de *home office*, é evidente que o uso da banda larga não se limitava exclusivamente aos fins de trabalho, sendo livremente utilizado pelo reclamante para fins particulares/pessoais, sem qualquer limitação de acesso ou controle por parte da reclamada. Nesse sentido, não reconheço qualquer desproporcionalidade entre o valor do reembolso ofertado e pago pela reclamada e o valor efetivamente gasto pelo reclamante, contemplando o uso particular da banda larga, termos em que julgo improcedente o pedido [...]. (TRT-3 — RO: 00727201301803001 0000727-42.2013.5.03.0018, Relator Convocado: Vitor Salino de Moura Eca, Quarta Turma, Data de Publicação: 21/09/2015).

Em que pese temerária a redação do *caput* do art. 75-D da CLT, o seu parágrafo único esclarece que as utilidades mencionadas no referido dispositivo não integram a remuneração do empregado. De fato, são utilidades próprias à execução do teletrabalho fornecidas ao empregado para a realização de suas atividades e não em contrapartida pela realização dessa, não tendo natureza salarial.

10.4. Saúde e segurança do teletrabalhador

A Lei n. 13.467, de 13 de julho de 2017, mais conhecida como a Reforma Trabalhista na seara do teletrabalho, é evidente que o dever de instrução instituído no art. 75-E da CLT está muito aquém dos deveres do empregador quanto à proteção da saúde e segurança dos teletrabalhadores.

Na compreensão de Mota (2011), novas formas de trabalho acarretam novas formas de adoecimento, no entanto, as primeiras surgem desacompanhadas de uma preocupação com os novos riscos à saúde do trabalhador.

O teletrabalho não deixa de ser a própria exemplificação da afirmação de Mota, eis que o legislador brasileiro sequer observou a organização do teletrabalho para estabelecer medidas preventivas de proteção à saúde desse trabalhador. Não bastasse, de forma desacertada, reduziu as obrigações patronais no texto do art. 75-E da CLT.

Complementando esse raciocínio, Lima Filho (2019) pontua que deve existir a preocupação social em proporcionar um meio de trabalho saudável, seguro e salubre, principalmente com o surgimento de novas formas de trabalho que demandam o uso de tecnologias mais sofisticadas. A proteção de um meio ambiente adequado nesses casos decorre da concomitância das obrigações empresariais com o direito fundamental do trabalhador à intimidade e à privacidade.

Embora a chegada da regulamentação do teletrabalho se mostre insatisfatória, o teletrabalhador não pode ficar sem a devida e adequada proteção à sua saúde, higiene e segurança, de modo que remanescem a legislação constitucional, infraconstitucional e demais normas regulamentadoras da proteção à saúde do trabalhador (MIZIARA, 2017).

Nesse diapasão, a única obrigação empregatícia, de instruir os empregados quanto às precauções de evitar doenças e acidentes de trabalho, não se relaciona ao direito fundamental do trabalhador à redução dos riscos inerentes ao trabalho, preconizado no art. 7º, XXII, da CF/88. Ao empregador cabe assegurar os direitos inalienáveis e irrenunciáveis do seu trabalhador à segurança, à saúde, e, em última instancia, à vida. Nessa direção, Lima Filho (2019, p. 13) afirma que "ao empregador é vedado praticar atos que tenham por objetivo eliminar ou reduzir esses direitos, inclusive em obséquio ao princípio vedatório do retrocesso social".

Os preceitos jurídicos atinentes à edificação, iluminação, exposição térmica, exposição a agentes insalubres ou perigosos, elaboração e implementação do Programa de Prevenção de Riscos Ambientais, manutenção do Programa de Controle Médico de Saúde Ocupacional, elaboração do Perfil Profissiográfico Previdenciário e realização de exames médicos, elencados nos arts. 168 a 170 e 189 a 197, todos da CLT, e nas Normas Regulamentadoras ns. 7, 8, 15 e 16, além da Lei n. 8.213/91 — devem ser aplicados ao contexto do teletrabalho (NUNES, 2018).

Segundo Domingues (2018, p. 465), o empregador deve "realizar vistorias e adequar o ambiente de trabalho do empregado submetido no teletrabalho, sob pena de ter sua culpa presumida no evento danoso". Já Nunes (2018), em defesa da supervisão habitual da saúde física e mental do teletrabalhador, aponta que o dever patronal de fiscalização e promoção de redução de riscos pode ser desincumbido por meio de exames periódicos e visitas do teletrabalhador à sede empresarial.

Conforme já mencionado acima, o art. 75-E da CLT dispõe que o empregador deverá instruir os empregados acerca das precauções a serem tomadas a fim de se evitar acidentes e doenças de trabalho, de maneira expressa e ostensiva, e, em seu parágrafo único, estipula que o empregado deverá assinar termo de responsabilidade comprometendo-se a seguir as instruções fornecidas pelo empregador.

Em relação ao *caput*, não há maiores delongas: é dever de todo empregador instruir os seus empregados acerca das normas de medicina e segurança do trabalho. Cabe importante ressalva apenas para frisar que, em que pese o exagero do legislador em afirmar que a referida instrução deve ser feita de maneira expressa e ostensiva, a mera elucidação das referidas normas, por mais exaltada e evidente que seja, não é suficiente para garantir a incolumidade do tele-empregado, razão pela qual o empregador deverá arcar com as demais obrigações a fim de assegurar um meio ambiente de trabalho saudável.

Nesse sentido, vale ressaltar que:

> O fato de o empregador distribuir instruções por escrito sobre o comportamento do empregado para evitar acidentes e precaver-se contra doença profissional não significa que, com isso, não precisará fiscalizar o cumprimento do uso de equipamentos de proteção. Essa é uma obrigação com suporte no poder de comando, o *jus variandi* da empresa (OLIVEIRA, 2017, p. 31).

Especificamente sobre a possibilidade de acometimento de doença ocupacional ao teletrabalhador e a ocorrência de acidente de trabalho no teletrabalho, destaca-se, por oportuno, o disposto no art. 21, inciso IV, da Lei n. 8.213/91, cuja norma previdenciária equipara ao acidente de trabalho o acidente sofrido pelo segurado ainda que fora do local e horário de trabalho:

> a) na execução de ordem ou na realização de serviço sob a autoridade da empresa; b) na prestação espontânea de qualquer serviço à empresa para lhe evitar prejuízo ou proporcionar proveito; c) em viagem a serviço da empresa, inclusive para estudo quando financiada por esta dentro de seus planos para melhor capacitação da mão de obra, independentemente do meio de locomoção utilizado, inclusive veículo de propriedade do segurado; d) no percurso da residência para o local de trabalho ou deste para aquela, qualquer que seja o meio de locomoção, inclusive veículo de propriedade do segurado.
>
> § 1º Nos períodos destinados a refeição ou descanso, ou por ocasião da satisfação de outras necessidades fisiológicas, no local do trabalho ou durante este, o empregado é considerado no exercício do trabalho.

A dificuldade da temática é agravada quando se tem o teletrabalho em domicílio, eis que, ao reverso do telecentro que guarda características similares ao próprio meio de trabalho do empregador, havendo responsabilidade solidária entre a empresa e o tele-empregador, a distinção entre um acidente de trabalho e o acidente doméstico é tênue, tornando-se difícil formar um conjunto probatório robusto.

Assim, para Fincato e Piantá (2017), a perícia médica deve analisar pormenorizadamente as circunstâncias atinentes ao meio ambiente de teletrabalho, abstraindo do *modus operandi* uma perícia padrão, cujo ambiente avaliado é o próprio estabelecimento patronal.

Nunes (2018) conjecturou se configuraria hipóteses de acidente de trabalho o infortúnio ocorrido em casa no trajeto do escritório do teletrabalhador ao banheiro ou durante o intervalo da refeição e descanso, como, por exemplo, se o teletrabalhador sofrer uma queimadura enquanto prepara o café. E concluiu que uma interpretação que esquive do teletrabalho a aplicação de normas acerca do acidente do trabalho já consolidadas no ordenamento jurídico brasileiro, como, dentre outras, a norma do art. 157, I e II, da CLT, precariza essa modalidade de trabalho.

Outrossim, é o fato de o teletrabalhador não estar submetido ao regime da duração da jornada de trabalho e também difícil é provar o acidente como decorrente do trabalho, tendo em vista que se faz essencial identificar o local e a hora do acidente para enquadrá-lo como acidente de trabalho. Do mesmo modo ocorre para identificar a origem da doença ocupacional sofrida pelo teletrabalhador, eis que problemas físicos e mentais podem ser mais facilmente confundidos como oriundos de situações cotidianas e relações extras de trabalho, destacando o fato que a prova testemunhal, muitas das vezes crucial para o deslinde da controvérsia, é mais difícil de ser produzida.

Além disso, a empresa deve realizar inspeção prévia; fornecer ao teletrabalhador equipamentos de proteção individual adequados; constituir Comissão Interna de Prevenção de Acidentes (CIPA); arcar com as despesas necessárias com a aquisição ou manutenção do maquinário e mobília compatível com a proteção da ergonomia; equipar os equipamentos com dispositivos de segurança. No que tange ao risco de isolamento desse trabalhador, o empregador deve incentivar, de tempos em tempos, o trabalho em equipe dos teletrabalhadores por meio do uso da internet de forma colaborativa ou por meio do fomento de encontros presenciais (MASSI, 2017).

Massi (2017) enfatiza ainda a importância do empregador estipular jornadas máximas de trabalho e o gozo mínimo semanal de um dia de descanso com o fim de evitar a alienação e fadiga mental e física. Para tanto, propõe medidas de monitoramento da jornada de trabalho para os teletrabalhadores que trabalham *on-line* e a instalação de *softwares* programados para detectar e limitar o trabalho suplementar do empregado que trabalha *off-line*.

Mecanismos de monitoramento tais quais câmera de vídeo, telefones fixos e móveis, *e-mail* coorporativo, aplicativos transmissores de dados e mensagens são formas de não apenas exercer o poder diretivo do empregador, como também de controlar a duração da jornada de trabalho do trabalhador, ainda que ao teletrabalho não se aplique as normas referentes à jornada de trabalho (NUNES, 2018).

Facilmente se denota que o controle da duração do trabalho desempenhado pelo teletrabalhador interfere diretamente na prevenção de acidente e doenças do trabalho, pois, como sabido, a exaustão, a curto e a longo prazos, eleva exponencialmente a exposição do ser humano a riscos em todas as esferas por acentuar a situação de vulnerabilidade.

Já o teletrabalho nômade, cuja modalidade é caracterizada "pela ausência de determinação quanto ao local onde o trabalhador está prestando serviços" (LOURENÇO; ARANALDE, 2018, p. 345), igualmente não desobriga o empregador de seus deveres jurídicos de redução dos riscos do trabalho, no entanto, reconhece-se o inconteste desafio em relacionar as medidas aplicáveis a cada caso concreto, razão pela qual já se vislumbra ser um fato que interferirá na gradação da culpa do tele-empregador em eventual acidente de trabalho.

Massi (2017) defende que a principal forma de efetivar a redução de riscos do trabalho na modalidade de teletrabalho nômade é: (i) treinar o profissional para que este seja "capaz de se autopoliciar nos cuidados com postura, tempo de trabalho, iluminação, qualidade de ar, estresse e outros riscos inerentes ao trabalho" e (ii) fornecer equipamentos que se adaptem à maior quantidade de lugares possíveis de forma segura.

Relativamente ao teletrabalho em telecentros, é necessário que haja frequente circulação de informação entre o empregador e a empresa mantenedora do espaço geográfico de trabalho, devendo o empregador garantir que os telecentros forneçam condições de trabalho em concordância com as normas de saúde e segurança no trabalho (MASSI, 2017).

Já no que diz respeito ao parágrafo único do art. 75-E da CLT, segundo o qual o empregado deverá assinar termo de responsabilidade comprometendo-se a seguir as normas de segurança e medicina do trabalho, o questionamento que deve ser feito é: a qual responsabilidade o disposto se refere? Isso porque, diante de um acidente de trabalho que resulte em perda ou redução da capacidade laborativa, estando presentes também o nexo causal e o elemento subjetivo, dolo ou culpa, estará configurada a responsabilidade civil do empregador e o referido termo de responsabilidade não servirá para eximi-lo do dever de reparação.

Ademais, ainda que não estejam presentes os elementos configuradores da responsabilização civil da empresa, Oliveira (2017) defende que o termo de responsabilidade não terá qualquer consequência, uma vez que caberá à União, por meio da Previdência Social, fornecer subsídios ao empregado acidentado para que esse recupere seu pleno estado de saúde, não tendo o empregador "legitimidade para aliviar o ônus que é da União".

Percebe-se, portanto, que, em que pese a Lei n. 13.467/17 tenha inaugurado a legislação sobre o teletrabalho, trazendo regramentos específicos para esse tema, os deveres com os quais o tele-empregador deverá arcar são comuns a todo empregador. Dessa forma, caberá à empresa tomar todas as medidas de medicina e segurança do trabalho de forma a garantir a saúde de seus empregados, instruindo-os, efetivamente, acerca dessas, bem como fiscalizando, na realização das atividades, o seu cumprimento.

Além das medidas acimas mencionadas, demais orientações de higiene, medicina e segurança de trabalho devem ser aplicadas independentemente do espaço geográfico em que seja exercido o teletrabalho, mantidos todos os deveres jurídicos do empregador concernentes à promoção de um meio ambiente de trabalho sadio e seguro, previsto no ordenamento jurídico brasileiro no âmbito do teletrabalho.

Capítulo 11

A Fiscalização no Teletrabalho

Importante tema a ser discutido no que concerne à pesquisa da responsabilização civil do empregador no teletrabalho é a fiscalização do ambiente de trabalho e da realização das atividades contratualmente estipuladas. A esse respeito, na Enciclopédia de Saúde e Segurança Ocupacional da OIT, Tessler (2011) assevera que o contrato de teletrabalho deverá estipular os padrões de segurança e saúde a serem seguidos no ambiente de trabalho, nos equipamentos e na própria realização das atividades. Ademais, estipula que os empregadores devem inspecionar o espaço de trabalho doméstico, ressalte-se mais uma vez ser esse o foco do presente trabalho, analisando a ergonomia e os riscos inerentes ao ambiente, identificando e corrigindo falhas que possam gerar acidentes de trabalho.

Winter (2005) reconhece a dificuldade de criação de um programa próprio de fiscalização do meio ambiente do teletrabalho, tendo em vista que o local a ser inspecionado não pertence ao empregador e sim ao próprio empregado, mas considera que essa fiscalização deve ocorrer:

> Uma sugestão para solucionar o problema [...], é exigir na contratação a concordância na fiscalização, outra é instituir a obrigação do empregador de informar à autoridade competente (DRT) a contratação de trabalhadores em domicílio. Ressalte-se que é quase impossível esta

> fiscalização no Brasil, em face da inviolabilidade do domicílio, amparada na Constituição Federal vigente, salvo a hipótese de consentimento do morador, no caso o teletrabalhador. De toda forma, é recomendável tal controle, pelas inúmeras possibilidades de ocorrerem lesões decorrentes do trabalho com meios tecnológicos, o que implica não só em dano direto ao trabalhador, como também prejuízo a toda a coletividade em face dos gastos para recuperação (WINTER, 2005, p. 148).

Entretanto, diversos questionamentos permanecem sem solução: como compatibilizar esse dever de fiscalização do empregador com o direito à intimidade e à vida privada do tele-empregado? Até que ponto a concordância com a fiscalização em seu domicílio no momento da contratação é válida? É possível falar em liberdade do operário para aceitar tal cláusula?

Em uma busca por respostas a esses questionamentos, é preciso, inicialmente, esclarecer que a fiscalização no teletrabalho pode ser dividida em duas espécies: a primeira, destinada à inspeção do meio ambiente de trabalho, e a segunda, direcionada à fiscalização das atividades. Tais questionamentos supramencionados e as principais dificuldades se destinam à fiscalização do ambiente de trabalho, tendo em vista a problemática da compatibilização de tal dever de fiscalização do empregador com o direito à intimidade do empregado, aí inserida a proteção constitucional ao domicílio.

O art. 5º da CF/88 protege o cidadão por meio de uma série de direitos e garantias fundamentais dotados de eficácia vertical, perante o Estado, e horizontal, que devem ser exercidos e respeitados por todos os cidadãos, inclusive em suas relações particulares. O seu inciso X garante a inviolabilidade da intimidade e da vida privada, "que consagram ao titular desses direitos a faculdade de impedir que determinados aspectos de sua vida sejam expostos contra sua vontade" (RAMOS, 2015, p. 536).

De acordo com Sampaio (2013, p. 277), o direito à vida privada tem, nos Estados Unidos, uma conotação muito forte de ver respeitada a esfera da autonomia pessoal e familiar, especialmente quanto: "a) ao direito de ser deixado em paz [...], b) à inviolabilidade em face do Estado da casa, de bens e objetos pessoais [...], c) ao direito de tomar decisões de caráter pessoal ou íntimo". Observe-se que, segundo o autor, não há nos Estados Unidos, e nos países de língua inglesa, em geral, uma diferenciação entre privacidade e intimidade e defende que no Brasil há uma tendência nesse mesmo sentido.

Embora diversos autores não distingam a esfera privada da esfera íntima, este trabalho adota o entendimento de que o direito à privacidade engloba o direito à intimidade, sendo esse mais restrito e destinado à proteção das idiossincrasias individuais que não são compartilhadas ou são apenas divididas com um restrito grupo de pessoas como familiares, amigos próximos ou profissionais submetidos ao sigilo profissional (RAMOS, 2015). Já o ciclo privado, ou da vida privada, está assentado na própria conceituação de autonomia privada e de livre desenvolvimento da personalidade, aí envolvidos fatores de cunho social, econômico e político (SAMPAIO, 2013).

Dessa forma, a Constituição protege a vida íntima e privada do cidadão garantido a liberdade sexual, a liberdade da vida familiar, a proteção da imagem e da honra e a liberdade de domicílio, o que inclui tanto uma proteção ativa, no sentido de o titular do direito poder dispor do seu domicílio (começando pela escolha desse e incluindo sua organização e uso, respeitados os limites impostos pelo ordenamento jurídico), quanto uma proteção passiva, de não intromissão.

É no sentido passivo que se direciona a proteção do inciso XI do art. 5º da Constituição Federal que garante a inviolabilidade do domicílio, proibindo que terceiros nele penetrem sem consentimento do morador, salvo em caso de flagrante delito ou desastre, para prestar socorro ou por determinação judicial, durante o dia.

Segundo Ramos (2015), dessa forma, para analisar a licitude da entrada de uma pessoa na casa de outra, é necessário perceber a existência de duas situações: uma, com autorização do morador e outra, sem autorização (apenas nos casos trazidos como exceções pelo inciso XI).

De acordo com o autor, no caso da fiscalização do meio ambiente de trabalho a ser exercida pelo tele-empregador, destaca-se a clara impossibilidade de que esse adentre o domicílio do tele-empregado sem sua autorização, uma vez que essa não constitui uma hipótese de flagrante delito ou desastre, de prestação de socorro e nem decorre de cumprimento de decisão judicial. É, portanto, completamente inconstitucional e inadmissível que o empregador adentre a casa — conceito abrangente, segundo o STF, que abarca qualquer compartimento privado não aberto ao público, em que a pessoa tenha moradia ou exerça profissão ou atividade, do empregado sem sua autorização.

Dessa forma, só resta possível que tal fiscalização do meio ambiente do teletrabalho se dê com o consentimento do empregado que, segundo o já referido entendimento de Winter (2005), deveria ser colhido no momento da celebração do contrato de teletrabalho. Ocorre que, *data maxima venia*, não é possível reconhecer a livre e regular manifestação de vontade, requisitos exigidos pelo ordenamento jurídico para que o pacto contratual seja válido do futuro empregado, no momento da contratação, tendo em vista a desigualdade jurídica que impera entre as partes, principalmente nesse momento.

A prática mostra que o contrato individual de trabalho funciona como um verdadeiro contrato de adesão, em cujo conteúdo a vontade do trabalhador pouco ou nada contribui (DELGADO, 2017). Nesse sentido, a manifestação da vontade se limita basicamente a aceitar ou não os termos do contrato de trabalho apresentado pelo empregador, não sendo de todo razoável que unicamente por meio dele o empregado renuncie seu direito fundamental, constitucionalmente garantido, à inviolabilidade de domicílio. A respeito desse desequilíbrio entre as partes contratantes:

> No quadro normativo característico do Direito do Trabalho, já está suposta certa pressão sobre a vontade do

> trabalhador no instante da celebração do contrato, elegendo o ramo justrabalhista critérios próprios e automáticos de enfrentamento dessa situação de desequilíbrio de vontades (através de normas imperativas, que estabelecem um conteúdo mínimo para o próprio contrato). [...], a circunstância de ter o Direito do Trabalho solução mais prática e ágil do que a busca da anulação do contrato em situações de alegado vício de consentimento (DELGADO, 2017, p. 589).

Nesse sentido, conclui-se pela insuficiência da autorização de fiscalização do ambiente de teletrabalho em domicílio no contrato de trabalho. Então, como compatibilizar o direito fundamental do empregado à intimidade e inviolabilidade do domicílio com o dever do empregador, constitucionalmente imposto (art. 7º, XXVIII, art. 200, VIII e art. 225, todos da Constituição Federal de 1988), de resguardar a saúde do meio ambiente de trabalho, inclusive por meio de práticas de fiscalização?

Diante da importância de ambos os institutos jurídicos, não parece razoável a absoluta supressão de um em detrimento do outro, devendo-se buscar, por meio de um equilíbrio, a coexistência de ambos. O que este trabalho propõe é que, além da expressa autorização no contrato de trabalho, de caráter genérico e cuja eficácia é reduzida devido à natureza de contrato de adesão, as visitas do empregador ou seus prepostos ao domicílio do empregado sejam, individualmente, acordadas e agendadas previamente, reduzindo consideravelmente o potencial de devassa à intimidade do empregado.

Assim, mais do que previsão de possibilidade de visitas fiscalizatórias ao ambiente de teletrabalho no contrato de trabalho, cada uma dessas visitas só poderá ocorrer com agendamento prévio e com nova autorização expressa do empregado confirmando que autoriza a inspeção a ser realizada em local e data ali especificados. Dessa forma, possibilitando a ocorrência dessas inspeções, há, inclusive, uma maior garantia à saúde do empregado, uma vez que nessas serão avaliadas se as condições ergonômicas estão adequadas, se os equipamentos fornecidos pelo empregador estão em bom estado ou precisam de reparo e se as normas de segurança e medicina do trabalho estão sendo adequadamente cumpridas.

Tal entendimento aqui defendido de que são necessários prévio agendamento e consentimento do empregado decorre de interpretação análoga do art. 11-A da Lei n. 10.593/02, que trata das atribuições da Carreira de Auditoria do Tesouro Nacional, inserido pela Lei Complementar n. 150, de 2015. O referido dispositivo autoriza que a verificação a ser realizada pelo Auditor-Fiscal do Trabalho, no domicílio do empregado, acerca do cumprimento das normas que regem o trabalho doméstico, poderá ocorrer desde que precedida de acordo entre a fiscalização e o empregador, dependendo também de prévio agendamento.

Ademais, ressalte-se ainda que não está excluída a possibilidade de o empregado não autorizar a realização de visitas com esse caráter fiscalizatório. Ainda que sejam raras as hipóteses em que tal situação venha a ocorrer, garante-se ao empregado a recusa à fiscalização em sua casa, em respeito ao seu direito fundamental à inviolabilidade do domicílio. Ocorre que, nessa situação, tendo o empregador cumprido corretamente as obrigações mínimas de instrução e fornecimento dos equipamentos necessários à realização das atividades, como visto acima, estará isento de culpa por eventuais acidentes de trabalho envolvendo o meio ambiente de trabalho devido à impossibilidade de fiscalização.

Não estando autorizado a fiscalizar o meio ambiente de trabalho, é inviável comprovar que o empregador agiu com negligência, imprudência ou imperícia, não sendo possível configurar sua culpa. Todavia, tal situação não se aplica quando o dano decorrer de problemas envolvendo a má instrução ou nos equipamentos fornecidos pelo empregador, obrigações que devem ser cumpridas ainda no caso de impossibilidade de fiscalização. Nesses casos, continuará sendo possível configurar a culpa do empregador, independente da negativa de fiscalização *in loco*, cabendo a esse o ônus de provar que instruiu satisfatoriamente seus tele-empregados acerca das normas de segurança e medicina do trabalho ou de que forneceu os equipamentos em perfeita qualidade e realizou a manutenção periódica desses.

Destaque-se ainda que, nessa mesma seara, não é possível que a fiscalização do ambiente de trabalho, quando não houver autorização do empregado, seja exercida por meio de câmeras ou qualquer outro equipamento tecnológico que possibilite a transmissão de imagens da casa do empregado para o empregador. Qualquer cláusula contratual que imponha o dever ao trabalhador de filmar seu ambiente de trabalho independente de sua autorização é inválida em razão de clara violação à vida íntima e privada do empregado.

Entretanto, a fiscalização do ambiente de trabalho não se confunde com a fiscalização das atividades realizadas pelo tele-empregado. A fiscalização no teletrabalho pode e deve ser exercida, independente de autorização do empregado, desde que se destine ao controle das atividades, do conteúdo produzido e da jornada de trabalho, e não se caracterize pela vigia ao ambiente de trabalho. Tal controle pode ser exercido sem a presença física do empregador ou seus prepostos por meio de programas tecnológicos e sistemas que podem ser desenvolvidos pela própria empresa, como *softwares* e aplicativos.

A esse respeito, cabe uma crítica ao art. 62, III, da CLT, inserido pela Lei n. 13.467/17, que exclui os teletrabalhadores do regime de controle de jornada, excluindo-os do direito à jornada normal mínima, às horas extraordinárias e seu respectivo adicional, hora noturna, intervalo intra e interjornada. Segundo Silva (2017), juntamente com os gerentes, diretores, exercentes de cargos de gestão em geral, e com os empregados que exercem atividade externa incompatível com a fixação de horário de trabalho. Ocorre que, o que fundamenta a exclusão dos empregados que possuem cargos de gestão, o que pode ser entendido como cargos de confiança, é o poder de autonomia para a tomada de decisões que esses possuem. Além disso, não basta a natureza da função: "para não usufruir as vantagens do trabalho prorrogado, é insuficiente a natureza da função ou estar liberado dos controles de horário; sua remuneração deve ser superior em 40% ao salário básico" (CARRION, 2015, p. 159).

Já no caso dos empregados que realizam serviços externos, o que caracteriza a exceção dada pelo art. 62 é a circunstância de estarem fora da permanente fiscalização e controle do empregador, o que impossibilita o controle da jornada de trabalho (CARRION, 2015). Ocorre que, nos dois casos, se de alguma forma for viável o controle do tempo dedicado à realização de suas atividades, até mesmo os trabalhadores externos e exercentes de cargos de gestão se submetem ao regime previsto no Capítulo II dos arts. 57 ao 75 da CLT.

Percebe-se que nas duas hipóteses acima discutidas há um fundamento lógico-jurídico para exclusão de tais trabalhadores dos benefícios decorrentes do regime de jornada de trabalho, o que não ocorre com o teletrabalho, uma vez que, apenas em razão de sua natureza, não é possível afirmar que esse é incompatível com tal controle. Há casos raros, destaque-se, em que o teletrabalho será incompatível com a verificação da jornada, mas a grande maioria das atividades realizadas por meio dessa modalidade de contrato trabalhista é passível de tal monitoramento, principalmente mediante aos meios eletrônicos e telemáticos. De acordo com Delgado e Delgado (2017), é, portanto, uma mera presunção legal que pode ser desconstituída por prova em sentindo contrário.

Nesse mesmo sentido, é correto afirmar que:

> Feitas essas considerações, estamos à vontade para afirmar que o art. 62, III, merece a mesma interpretação restritiva, dada a excepcionalidade, dos demais incisos, quer dizer, o teletrabalho somente retira o direito às horas extras e congêneres se for incompatível com o controle de jornada. Mero deslocamento territorial não é suficiente para autorizar jornadas irrestritas. Seria mesmo incongruente dizer que para o serviço externo o

> que manda é a incompatibilidade da jornada (art. 62, I), ao passo que para o teletrabalho o que manda é o rótulo (SILVA, 2017, p. 57).

Frise-se que, para fins de isenção de culpa em casos de acidentes de trabalho e doenças ocupacionais, é necessário que o tele-empregador de fato exerça o controle da jornada de trabalho de seus tele-empregados quando, pela natureza das atividades, for possível, de forma a evitar a sobrecarga de atividades e a jornada exaustiva, aspectos desencadeadores de diversas doenças ocupacionais.

Ademais, para comprovar a possibilidade de fiscalização das atividades no teletrabalho e o controle de jornada por instrumentos telemáticos, cumpre perceber que essa é tão viável que já tem sido utilizada, inclusive, de forma excessiva, o que traz diversos efeitos maléficos à saúde do trabalhador, configurando, em alguns casos, um teleassédio moral (NUNES, 2016).

Capítulo 12

Teleassédio Moral

As mudanças nas relações de trabalho, especialmente com o advento de meios eletrônicos de comando, controle e supervisão do trabalho alheio, trouxeram novos desafios ao direito do trabalho. Dentre eles, a necessidade de identificar e combater práticas ilícitas, manifestadas pelo uso nocivo da tecnologia.

Nessa ótica, Bramante (2012, p. 402) adverte:

> [...] O controle e fiscalização no teletrabalho pode abarcar não só a realização das tarefas ou produtividade, mas também a imagem e a conduta do trabalho, e até mesmo os intervalos destinados para "respirar". Logo, mediante os meios da tecnoinformática, o comando, controle e supervisão do trabalho podem ser muito mais penetrantes e invasivo da privacidade, porque total e em tempo real (24 horas por dia).

Diante dessa realidade, o trabalhador ou teletrabalhador, ao mesmo tempo em que dispõe de ferramentas informatizadas para auxiliar no bom desempenho do trabalho, torna-se mais vulnerável aos abusos praticados por esses meios, especialmente o assédio moral por meios eletrônicos ou o teleassédio moral — assédio moral praticado na seara do teletrabalho.

Schatzman e outros (2009, p. 18) conceituam o assédio moral como:

> Um processo sistemático de hostilização, direcionado a um indivíduo ou a um grupo, que dificilmente consegue se defender dessa situação. As autoras destacam que o efeito ou resultado desse processo é a produção de algum prejuízo para o ofendido, que varia desde a criação de um ambiente hostil, capaz de trazer desconforto físico e emocional, até o adoecimento e a exclusão do grupo. A doutrina cita que o efeito mais grave passível de ser produzido pelo assédio moral é o suicídio da vítima.

A doutrina não é uníssona quanto ao tempo necessário para que um processo de hostilidade configure assédio moral. No Brasil, a jurisprudência costuma analisar os casos concretos e, por meio de um juízo lógico-racional, concluir se a repetição ou variação de hostilidades em certa frequência temporal representou ou não assédio moral.

No âmbito do teletrabalho, o princípio tutelar incide para coibir a prática do teleassédio moral, desafiando o operador do direito a identificar essa prática em meio a relações juslaborais em constante mutação e cada vez mais desafiadores das amarras de espaço e tempo.

É possível, todavia, que o assédio moral seja produzido de modo impessoal, seja por mensagens eletrônicas degradantes da autoestima do empregado, cobranças abusivas de metas ou expedientes outros que dispensam a presença física do agressor no ambiente de trabalho da vítima.

É o caso, por exemplo, do processo n. 0000231-64.2010.5.03.0035, cujo recurso ordinário foi julgado pela Turma Recursal de Juiz de Fora, pela Relatora convocada Maria Raquel Ferraz Zagari Valentim, em que foi reconhecido o teleassédio moral da empregada cujas atividades eram controladas por um programa de computador criado pela empresa reclamada, chamado de "ilha sem papel", mantendo a condenação ao pagamento de danos morais.

Caso como o acima discutido torna evidente a necessidade de se repensar a proteção ambiental do trabalho, especialmente quanto à prevenção a práticas de assédio moral manifestadas por meio eletrônico. Demonstram, outrossim, que o teleassédio moral se manifesta por diversos modos e exige do operador do direito o desafio de buscar que o aperfeiçoamento tecnológico nas relações de trabalho se dê sem prejuízo do teletrabalhador, pois somente assim será possível compatibilizar o crescimento econômico com o social, equilibrando livre-iniciativa com valorização do trabalho humano (BRASIL. Constituição Federal. 1988. Capítulo I — arts. 1º, IV, 170 e 193).

Uma importante questão desse tema diz respeito ao teleassédio moral organizacional, envolvendo ofensa a direito difuso dos teletrabalhadores. Nesse prisma, Araújo (2007, p. 213-214) conceitua o assédio moral organizacional como:

> [...] A prática sistemática, reiterada e frequente de variadas condutas abusivas, sutis ou explícitas contra uma ou mais vítimas, dentro do ambiente de trabalho, que, por meio do constrangimento e humilhação, visa controlar da subjetividade dos trabalhadores. O controle da subjetividade abrange desde a anuência a regras implícitas ou explícitas da organização, como o cumprimento de metas, tempo de uso do banheiro, método de trabalho, até a ocultação de medidas ilícitas, como sonegação de direitos (registro em Carteira de Trabalho, horas extras, estabilidade no emprego) ou o uso da corrupção e poluição pela empresa. Essa prática resulta na ofensa aos direitos fundamentais dos trabalhadores, podendo inclusive resultar em danos morais, físicos e psíquicos.

O assédio moral organizacional é comumente referido como assédio moral estratégico, pois representa uma das formas da empresa privilegiar o lucro, em detrimento do respeito à dignidade dos trabalhadores. Com a prática do assédio moral estratégico, força-se demissões de trabalhadores que a empresa considera improdutivos, estimula-se a alta rotatividade de mão de obra e desvaloriza-se o valor social do trabalho.

Com a repetição de condutas ilícitas como as supra narradas, os trabalhadores não adaptados ao sistema são facilmente excluídos, ainda que à custa da sua autoestima.

No caso do teletrabalho ou no exemplo do programa "ilha sem papel", pode haver a submissão não de um trabalhador, mas de todos eles ou de uma determinada equipe, ao constrangimento eletrônico, cuja repetição é evidentemente nociva à dignidade, causando assédio moral, mediante repetição abusiva. Isso pode se operar por sistema de computador, mensagens SMS, rastreamento ilícito de computadores, *e-mails* etc., no caso, dirigida de modo padronizado a uma coletividade de vítimas.

A prova nos casos de teleassédio moral poderá ser simples, como, por exemplo, a impressão de cópias de *e-mails* etc., ou complexa, demandando até mesmo perícia em computadores patronais a depender do caso. Algumas vezes, as mensagens podem ser recebidas de modo insuscetível de gravação em mídias eletrônicas.

Logo, é possível afirmar que há duas espécies de fiscalização no teletrabalho: a destinada a verificar o cumprimento das normas de medicina e segurança no ambiente de trabalho e a fiscalização destinada a avaliar o cumprimento das atividades e da jornada de trabalho. No primeiro caso, o poder/dever de fiscalização do empregador tem sua exigibilidade vinculada à autorização dada pelo empregado diante do conflito com o direito fundamental à privacidade e à inviolabilidade do domicílio, o que não isenta o dever de cumprir as obrigações de instrução e fornecimento dos equipamentos necessários à realização das atividades, como visto acima. No segundo caso, é plenamente possível, em sua grande maioria, que as atividades exercidas pelo tele-empregado sejam fiscalizadas pelo empregador por meio de instrumentos telemáticos, sendo necessário que esse controle seja exercido respeitando os direitos fundamentais do empregado e suas relações pessoais e íntimas.

Por fim, adentrando a responsabilidade pela fiscalização do teletrabalho, deve-se retomar a divisão feita anteriormente: uma fiscalização destinada à realização das atividades e outra destinada ao meio ambiente de trabalho. Estão abarcados pela primeira espécie de fiscalização o controle dos resultados produzidos, prática bastante comum no teletrabalho, a estipulação de prazos e o controle de jornada quando possível, reflexos do poder diretivo do empregador.

Como visto, diversos podem ser os danos causados ao tele-empregado por práticas de fiscalização abusiva, bem como pela sobrecarga de tarefas e metas. Doenças como depressão, ansiedade, distúrbios de sono e psicossociais são exemplos de danos decorrentes do chamado tecnoestresse, condição gerada em um contexto problemático de ambiente e organização do trabalho. Ademais, no sentido oposto, o não controle por parte do empregador da jornada de trabalho do tele-empregado, de forma a garantir o cumprimento dos limites constitucionalmente estabelecidos, abre espaço para uma jornada de trabalho exaustiva, o que também pode levar a diversos danos à saúde física e psíquica do teletrabalhador.

Assim, caso a fiscalização das atividades exercidas pelo tele-empregador ocorra de forma desproporcional, atingindo a privacidade do empregado e seu direito à desconexão (MELO, 2017), restará presente a sua culpa pelos acidentes sofridos e doenças desenvolvidas, bem como o respectivo dever de indenizar.

Dessa mesma forma, sendo possível realizar o controle da jornada de trabalho do tele-empregado e o tele-empregador não o fizer, há que se falar em sua responsabilização. Indo mais além, defende-se a premissa de que é possível, nesses casos, se falar em uma culpa presumida do empregador, que deverá ser responsabilizado por qualquer dano decorrente da realização das atividades, sobretudo se provado que havia uma sobrecarga de tarefas destinadas ao tele-empregado, impossíveis de serem cumpridas na jornada constitucional de trabalho.

No que concerne à fiscalização do meio ambiente de trabalho, há certas peculiaridades tendo em vista que esse não é a sede da empresa. Para analisar essa vertente da responsabilidade civil do tele-empregador, cumpre verificar que essa irá variar de acordo com a autorização ou não do tele-empregado acerca da realização de visitas do empregador para inspeção do meio ambiente de trabalho. Caso haja permissão expressa do tele-empregado, tanto no contrato de trabalho quanto em documentos específicos periódicos com autorização para realização da visita em determinado dia e horário, a responsabilização do empregador pelos acidentes de trabalho e doenças ocupacionais deverá ocorrer da mesma forma que ocorre nas modalidades tradicionais de contrato de trabalho. Ou seja, a análise da responsabilidade subjetiva envolverá o cumprimento ou não da obrigação de fiscalizar o meio ambiente de trabalho e a adequação desse às normas de medicina e segurança. O mesmo não se pode afirmar quando o tele-empregado não autoriza a realização de visitas fiscalizatórias ao meio ambiente de trabalho por parte do empregador. Ressalta-se que essa é uma faculdade constitucionalmente garantida ao titular do direito à inviolabilidade do domicílio (BRASIL. Constituição Federal. 1988. Capítulo I — art. 5º, XI).

Nesse sentido, não é possível se falar em culpa do tele-empregador pelo descumprimento de sua obrigação de fiscalização quando esse for impedido de exercê-la. Não havendo culpa, e não sendo aplicável ao teletrabalho a responsabilidade objetiva, há insuficiência dos elementos necessários à configuração da responsabilidade civil, não sendo devida por esse a indenização pelos danos sofridos pelo tele-empregado. Entretanto, esse não ficará de todo desprotegido, uma vez que fará jus aos benefícios previdenciários correspondentes, como já discutido anteriormente.

Por fim, ainda que não seja possível falar em responsabilidade civil na situação de negativa de fiscalização do meio ambiente de trabalho, por parte do empregado, o tele-empregador não está isento de cumprir com as demais obrigações mínimas de instrução efetiva e fornecimento dos equipamentos adequados.

Capítulo 13

Teletrabalho em Tempos de Coronavírus e a Responsabilidade Civil

Antes de um maior aprofundamento desse tema, vale a pena explicar o que o Coronavírus causa, como surgiu e sua rápida expansão. A Covid-19 é uma doença respiratória aguda provocada pelo Coronavírus da síndrome respiratória aguda grave 2 (SARS-CoV-2), teve seu ponto de partida na China, os primeiros estudos indicaram Wuhan, na província de Hubei, República Popular da China, em 1º de dezembro de 2019, mas o 1º caso foi reportado em 31 de dezembro do mesmo ano. As autoridades chinesas divulgaram o sequenciamento genético do vírus para que os outros países pudessem identificar de forma mais rápida os casos da doença. A OMS fez o primeiro alerta sobre a doença na segunda semana do mês de janeiro.

A disseminação do vírus para outras regiões aconteceu ainda no início de janeiro, incluindo para os territórios independentes chineses Taiwan, Hong Kong e Macau. Apesar de ter sido considerado como controlado no início de fevereiro, o surto do novo coronavírus voltou a crescer, por volta do dia 20 do mesmo mês, em países externos à China, em especial na Itália e Irã, fazendo com que se espalhasse rapidamente pela Europa, países árabes e até outros continentes, como o Brasil, cujos primeiros casos são de pessoas que viajaram para países europeus.

Acredita-se que o vírus tenha uma origem zoonótica, porque os primeiros casos confirmados tinham principalmente ligações ao mercado atacadista de frutos do mar de Huanan, que também vendia animais vivos. Em 11 de março de 2020, a Organização Mundial de Saúde (OMS) declarou o surto de uma pandemia. O número de mortes e de pessoas infectadas tem subido a cada dia e ainda não se sabe quando isso terá um fim.

Os sintomas mais comuns apresentados são de uma infecção respiratória: febre, tosse, falta de ar e dificuldade de respirar, mas casos mais graves podem apresentar pneumonia e síndrome respiratória aguda grave.

O mundo vive um momento de alerta sem precedentes com a disseminação do Coronavírus. Essa não é a primeira pandemia que assola o mundo, é certo, mas é, sem dúvida, a primeira a produzir efeitos tão desastrosos em razão do contexto de globalização que o mundo está inserido.

Na atualidade, com a facilidade do comércio entre os países e do grande fluxo de pessoas que circulam entre eles, uma epidemia vivida em uma dada região rapidamente se espraia para as mais próximas e também mais longínquas áreas do planeta, sendo irrelevante a distância geográfica que divisa os Estados. São os perigos da pós-modernidade (BAUMAN, 2008). As epidemias do passado transformaram-se, por isso, em verdadeiras pandemias, sendo a maior e mais grave de todas a que hora é vivenciada com o Coronavírus.

Esse é um momento de poucas certezas e de grande impacto socioeconômico, e, enquanto os países buscam maneiras de conter os efeitos desastrosos da pandemia provocada pelo Coronavírus, os problemas aumentam, especialmente pela necessidade de isolamento social que a situação impõe.

Com o Coronavírus, os cidadãos sentiram os efeitos danosos na economia e no mercado de trabalho. O isolamento social, como medida necessária à contenção desse contagioso vírus, apesar de necessário, produz consequências danosas e de grandes proporções, sendo possível identificar no mundo as manifestações dessa desordem social.

Estabelecimentos comerciais fecharam suas portas por determinação das autoridades públicas e, com isso, tiveram o seu faturamento diretamente atingido. Por essa razão, o Governo Federal requereu ao Congresso a decretação do estado de calamidade pública, diante da pandemia do Coronavírus, o que resultou no Decreto Legislativo n. 6, de 20 de março de 2020, com validade até 31 de dezembro de 2020.

Essa foi a primeira vez que o Estado brasileiro lançou mão dessa medida contemplada no Texto Constitucional, e gerou para o Executivo a possibilidade de fazer gastos acima dos previstos no orçamento, sem infringir, com isso, a Lei de Responsabilidade Fiscal. Para tanto, foi criada uma comissão mista composta por seis deputados e seis senadores, com igual número de suplentes, para acompanhar os gastos e as medidas tomadas pelo Governo Federal para enfrentamento do problema.

Empreendimentos foram fechados e impactaram na vida dos trabalhadores, que se viram forçados a deixarem seus postos de trabalho, em muitos casos, sem saber ao certo onde tudo vai chegar.

Alguns setores foram especialmente atingidos, em geral vinculados ao setor de entretenimento, mas não exclusivamente, tais como hotéis, bares, restaurantes, agências de viagem, além dos setores de transportes e academias, os quais sofrem efeitos ainda mais imediatos na parte da capacidade financeira. Os trabalhadores desses seguimentos ficam ainda mais vulneráveis pela possibilidade real de descontinuidade de tais empreendimentos como só ocorre em momentos de grave crise econômica.

Todos esses fatos estão produzindo vários debates na tentativa de serem identificadas soluções capazes de equacionar os problemas nesse assunto. No campo de direito do trabalho, inúmeros têm sido os debates em torno da interrupção, suspensão e até mesmo de resilição dos contratos de trabalho em curso, na tentativa de encontrar a medida certa para a satisfação dos interesses de todos os envolvidos, da forma mais justa e razoável.

13.1. *A melhor estratégia contra a expansão da pandemia ainda é o isolamento social*

Nenhuma estratégia mostrou-se mais eficaz ao combate do Coronavírus do que o isolamento social de toda população, contida nos limites de suas residências, sem ao menos transitar na casa de amigos e familiares.

Ao mesmo tempo, o fechamento de estabelecimentos comerciais, escolas, igrejas, entre outros foi essencial para contribuir com essa medida de contenção e conscientizar as pessoas da gravidade do problema e da necessidade de preservação de sua saúde e de toda coletividade.

Tal medida, imposta preventivamente, deve ser adotada "respeitando o princípio da razoabilidade e da preponderância do coletivo sobre o individual, da saúde coletiva sobre a lucratividade" (CASSAR, 2018, p. 564).

Atento à importância da mínima circulação de pessoas no território nacional, no início de fevereiro foi sancionada no Brasil a Lei n. 13.979/2020, que dispõe sobre as medidas para enfrentamento da emergência de saúde pública de importância internacional decorrente do Coronavírus. O isolamento e a quarentena (restrição de atividades ou separação de pessoas, bagagens, animais, contêineres, meios de transporte ou mercadorias suspeitos de contaminação das pessoas que não estejam doentes, a fim de evitar a possível contaminação ou a propagação do vírus) são algumas das medidas que podem ser aplicadas pelo Poder Público.

Não há dúvidas, portanto, de que essas medidas eficazes de combate à proliferação do Coronavírus impactam na vida de toda a sociedade, produzindo efeitos avassaladores não só no emocional de cada indivíduo, mas também, e de forma igualmente devastadora, na economia dos países.

No campo do trabalho, muitos têm sido os problemas advindos da necessidade de isolamento social, o que, em alguma medida, inclusive, resulta na resistência de alguns em atender aos comandos das autoridades públicas.

Muitas dúvidas surgem quanto aos limites permitidos na legislação trabalhista para flexibilização de direitos, na tentativa de minimizar os riscos para todas as partes envolvidas: empreendedores e trabalhadores. Soluções de toda ordem vêm sendo pensadas.

13.2. Teletrabalho na Covid-19

A pandemia do novo Coronavírus abalou as estruturas da sociedade contemporânea. A geração atual não viveu algo parecido. As noções de segurança foram revolucionadas e a maneira como nos relacionamos foi extremamente impactada. A nossa relação com o trabalho não poderia passar impune e são muitos os aspectos desta crise que influenciam as relações de trabalho e o seu próprio significado. Se antes a adaptação do sujeito ao trabalho já era uma exigência cada vez mais presente, agora se faz ainda mais indispensável adaptar-se às novas condições, por mais inéditas que pareçam.

Como explicado antes, o teletrabalho já era uma prática em algumas empresas e, com o novo Coronavírus, passou a ser uma urgência para todas, atingindo muitos trabalhadores em todo o mundo. O que era uma exceção virou regra.

Primeiramente, o teletrabalho oferece a relevante oportunidade de manutenção das ocupações para uma parcela da população mundial. Além, é claro, da proteção contra o novo Coronavírus, reduzindo o contato social e, consequentemente, o contágio e atenuando a curva de infectados com o objetivo de evitar o colapso do sistema de saúde.

Por outro lado, a intensificação do teletrabalho durante a Covid-19 vem acompanhada de grandes dificuldades e desafios tanto para as empresas quanto para os trabalhadores e familiares. Às empresas, de estabelecer políticas e normas internas para implementar e assegurar o teletrabalho. A segurança da informação teve que ser revista para incorporar a rotina de trabalho remoto. Recursos investidos para possibilitar acesso a equipamentos e ferramentas de comunicação remota.

Para trabalhadores, surgiram desafios como a necessidade do rápido aprendizado de novas tecnologias, o estabelecimento de novas formas de interação e comunicação entre as equipes. Suas vidas familiares tiveram de ser conciliadas com o trabalho. Para muitos, a vida pública e a privada nunca estiveram tão entrelaçadas. Famílias passaram a dividir em um mesmo ambiente as atividades de trabalho, escolares, domésticas e de lazer.

O controle do tempo e do esforço de trabalho é um desafio usual na relação de empresas e trabalhadores. A combinação de controle de frequência e estabelecimento de metas visa alinhar os interesses nessa relação e a motivação do trabalhador deve ser um objeto fundamental da gestão de pessoas. Em regime de teletrabalho, esse desafio é intensificado. O controle de frequência, estabelecimento de metas e ações de motivação passam a ser colocadas em dificuldade. Ainda que existam tecnologias que possam controlar o tempo de uso de estações remotas de trabalho, sua efetividade é questionável. Assim, outros elementos dessa resposta ganham relevância e tendem a gerar desequilíbrios desfavoráveis ao trabalhador.

No formato baseado no cumprimento de metas, o trabalhador se vê compelido a tranquilizar o gestor, levando literalmente para dentro de sua casa o controle dele sobre o seu tempo. Apesar da concorrência que as tarefas domésticas ou o convívio familiar possam trazer ao tempo de esforço laboral, o indivíduo se mantém *on-line* e responsivo, registrando o cumprimento de metas e prazos e evitando qualquer impressão de vadiagem sobre as suas horas. Assim, ao afastar o olhar do empregador da observação do cumprimento da jornada mínima de seus subordinados (controle de frequência), o teletrabalho pode amplificar o poder patronal, que não é mais restrito do tempo de presença do corpo em determinado ambiente, mas transforma em ambiente laboral qualquer espaço que esse corpo possa ocupar.

Podemos dizer que, antes, o trabalho era tradicionalmente possuidor de uma localização geográfica. Agora, temos uma espécie de trabalho em nuvem, na qual o sujeito deve registrar continuamente seu esforço. Nesse aspecto, é importante ressaltar que o teletrabalho pode ser um fator de estratificação de nossa sociedade. Como nos ensina Bauman (1999, p. 43), "quanto mais excluído um indivíduo, mais territorializado ele se encontra". De forma que a mobilidade, nesse caso virtual, se constitui como um privilégio aos fornecedores de mão de obra qualificada. Oferecemos como exemplo a ilustração de um desenvolvedor de *softwares versus* a de um auxiliar de serviços gerais. Enquanto um desenvolvedor pode entregar a produção de *softwares* a partir de qualquer lugar do mundo, e alguns países com dotação favorável de mão de obra qualificada se especializaram nessas soluções, um auxiliar de serviços gerais, responsável pela limpeza de um escritório localizado na Avenida Paulista em São Paulo, jamais poderá realizar sua tarefa a distância. Vê-se que a possibilidade de trabalhar a distância, mesmo que traga mais sobrecarga ao teletrabalhador, ainda assim, constitui-se como um privilégio.

Assim, acreditamos que a intensidade do trabalho na nossa subjetividade foi potencializada, por meio do teletrabalho em uma situação de isolamento social. O trabalho passou a ocupar e dividir espaço com outras atividades, misturando e invadindo espaços que antes possuíam limitações mais claras. Essa intensificação pode ocasionar a diminuição dos espaços e momentos dedicados ao ócio, ao convívio familiar, ao descanso e à reabilitação física e mental.

Os cuidados com a saúde física e mental devem ser ampliados em momentos de crise, sendo necessário o alerta de que o trabalho não pode ser extenuante e provocador de adoecimento. Não estamos defendendo a redução de atividades ou da jornada de trabalho, mas sim o respeito a essa jornada com o estabelecimento de metas factíveis de forma a evitar os efeitos negativos da flexibilização da rotina de trabalho. Assim, o estabelecimento de atividades e seus prazos deve ser realizado com base na temporalidade e na presença dos recursos necessários para sua efetivação.

As empresas e seus gestores devem estar preocupados com a saúde física e mental de todos os colaboradores. O estresse decorrente da pandemia não deve ser somado a inúmeras outras preocupações ocasionadas por uma gestão inadequada das atividades e dos relacionamentos.

Segundo a OMS (2020), durante uma pandemia, temos a presença de diversos sentimentos e reações, como:

> I — Medo do avanço do vírus, de adoecer ou de que alguém da família adoeça, de perder pessoas queridas, de não saber quando teremos a existência de uma vacina ou cura, dentre outros;
>
> II — Irritabilidade devido à ausência de respostas para suas questões e medos;
>
> III — Angústia frente ao que está por vir e as incertezas do momento;
>
> IV — Tristeza que pode ser ocasionada pelo isolamento, pelo enfrentamento do adoecimento e/ou perda de pessoas queridas.

Podemos observar algumas reações comportamentais: perda de apetite e sono, conflitos interpessoais ocasionados pela alteração de humor, agitação ou ausência de ânimo, aumento da ansiedade que pode levar à crise de pânico, dentre outros. Alguns transtornos psíquicos também podem ser observados, como depressão, crises de ansiedade e de pânico. Um grande desafio da gestão de pessoas em regime de teletrabalho é a percepção a distância da saúde mental dos trabalhadores. O estabelecimento de boas práticas de comunicação e interação entre membros da equipe é fundamental para a gestão de pessoas nesse contexto.

A Covid-19 e as medidas decorrentes de isolamento acarretaram a necessidade de adaptação imediata das relações de trabalho. O teletrabalho foi a solução adotada para uma parcela da força de trabalho e representou desafios significativos, principalmente para empresas que contavam com o controle presencial de frequência como pilar das relações trabalhistas. Esse debate foi apenas iniciado e ainda estamos aprendendo a lidar com todas as mudanças provocadas pela pandemia. Trabalhadores buscam a adaptação em tempo recorde a um teletrabalho que não teve espaço de ser corretamente estruturado e planejado.

Gestores ainda estão descobrindo a medida certa da distribuição de tarefas, evitando, por ensaio e erro, os extremos da sobrecarga e do afrouxamento de metas. A definição de metas factíveis deve ser uma condição para o sucesso desse regime, promovendo a produtividade e a inovação e preservando a saúde mental e o bem-estar de todos os trabalhadores.

Essas reflexões são muito importantes para demonstrar o que já foi anteriormente descrito, ou seja, com o período atual de isolamento fica caracterizado que o teletrabalho deve ocupar papel mais relevante do que no período anterior à pandemia. A adaptação das rotinas de gestão de incorporação do teletrabalho deve evoluir com o aprendizado desse período inusitado, mas que dentre tantos transtornos serviu para demonstrar que é possível trabalhar a distância desde que tenha equipamentos e comunicações adequadas.

13.3. A responsabilidade civil do empregador na pandemia, Covid-19

Inicialmente, destaca-se que, conforme o art. 5º, incisos V e X da Constituição Federal, art. 186 do Código Civil e bem como do entendimento das Súmulas ns. 37 e 387 do STJ, admite-se o pleito de dano material de forma independente ou cumulada.

Em seguida, especificamente sobre o direito do trabalho, é preciso dizer que, antes da Emenda Constitucional n. 45/2004, a aplicabilidade de punição oriunda do dano moral, nas relações de trabalho, era um tema bastante polêmico e que trazia muitas dúvidas e incertezas, no que diz respeito à constitucionalidade da medida.

Todavia, com a promulgação da referida Emenda, que alterou o dispositivo do art. 114 da Constituição Federal de 1988, passou-se a entender que a Justiça do Trabalho é competente para processar e julgar as ações decorrentes de dano moral ou patrimonial na esfera trabalhista.

> Art. 114. Compete à Justiça do Trabalho processar e julgar:
>
> [...]
>
> VI — As ações de indenização por dano moral ou patrimonial, decorrentes da relação de trabalho;

Nesse sentido, uma das hipóteses autorizadoras de responsabilização civil do empregador é a ocorrência de acidente de trabalho e/ou doença ocupacional em face do empregado, capazes de atribuir ao patrão o dever de indenizar.

Contudo, a efetivação da obrigação de indenizar o acidentado/doente, atribuída ao empregador, depende da presença de alguns elementos, que mantém harmonia com os pressupostos gerais da responsabilidade civil: o dano ao empregado, este oriundo do trabalho, o dolo ou a culpa do patrão e o nexo causal entre ambos.

Logo, o simples pleito do dano moral formulado pelo empregado não gera para o empregador, de forma automática, a obrigação de indenizar. É preciso que haja a verificação concomitante das condições acima destacadas, para que seja atribuída a validade ao ato.

Do ponto de vista legal, se houver o contágio no ambiente de trabalho, a doença passa a ser considerada como uma doença do trabalho (art. 20, Lei n. 8.213, de 24/07/1991).

Contudo, é temerário e precoce a afirmativa de que o empregador possa a vir a ser responsabilizado por acidente de trabalho ou doença do trabalho, caso o seu empregado tenha algum tipo de incapacidade ou venha a óbito em decorrência da patologia.

Os sintomas do Coronavírus não se entrelaçam necessariamente com as condições efetivas do meio ambiente do trabalho, sendo que o seu contágio pode ocorrer em qualquer local. Não há um regramento legal específico para que o empregador adote medidas de segurança e saúde específicas para essa patologia.

Assim, se o empregador adotar os cuidados gerais recomendados pelo Ministério da Saúde e pelas normas trabalhistas, não vemos como poderá ser responsabilizado civilmente por eventual contágio ocorrido no ambiente de trabalho.

Contudo, em alguns casos específicos, dependendo do local de trabalho e das atividades exercidas, tem-se a possibilidade de caracterização da responsabilidade civil objetiva do empregador, precipuamente, para os trabalhadores da área da saúde (art. 927, CPC). É evidente que há situações peculiares, em que tem a presunção plena dos requisitos da responsabilidade civil, em especial, pelo risco profissional ou pelo risco criado pela atividade econômica.

Além disso, existem certas situações que neutralizam o instituto da responsabilidade civil e, por consequência, a obrigação de indenizar.

13.4. Excludentes do nexo de causalidade

Conforme dito antes, o instituto da responsabilidade civil não é absoluto. Pode haver a neutralização do mesmo, com a consequente inadmissibilidade do dever de indenizar, graças às chamadas excludentes.

Assim, são causas excludentes do nexo de causalidade:

> a) Caso fortuito; b) força maior; c) estado de necessidade; d) legítima defesa; e) estrito cumprimento do dever legal; f) exercício regular de direito; g) culpa exclusiva da vítima; h) fato de terceiro.

Diferenças entre caso fortuito e força maior:

> Embora carreguem consigo os mesmos efeitos, estes previstos pelo Código Civil, ainda existe uma certa inconsistência a respeito da existência, ou não, de diferença entre caso fortuito e força maior.

Dessa forma, há autores que tentam delimitar critérios distintivos entre os dois. Muitos sustentam que o caso fortuito procede dos elementos, das forças da natureza, como a tempestade, o terremoto, a moléstia ou o raio. Ao passo que a força maior seria oriunda da vontade humana ou da violência dos homens.

Segundo Venosa (2016, p. 342), não há interesse público na distinção dos conceitos, não havendo sequer, de acordo com a interpretação do Código Civil, qualquer diferenciação entre eles:

> Art. 393. O devedor não responde pelos prejuízos resultantes de caso fortuito ou força maior, se expressamente não se houver por eles responsabilizado.
>
> Parágrafo único. O caso fortuito ou de força maior verifica-se no fato necessário, cujos efeitos não era possível evitar ou impedir.

Mas, face a todas as discussões e discrepâncias de posicionamentos, o debate mais acalorado e plausível sobre o tema reside na diferenciação entre fortuito interno e fortuito externo. Sendo assim, diz-se que ocorre o fortuito interno no processo de prestação de serviço ou de produção, não eximindo a responsabilidade do fornecedor. Por outro lado, entende-se por fortuito externo algo que está fora de tal cadeia, criando nexo e retirando a responsabilidade do fornecedor.

Em meio a toda essa polêmica, o Ministério Público do Trabalho (MPT) segue tratando a pandemia ocasionada pela

Covid-19 como "força maior", sendo esse o termo utilizado no teor da Nota Técnica Conjunta n. 05/20, cujo conteúdo visa a defesa da saúde dos trabalhadores, empregados, aprendizes e estagiários adolescentes.

Sobre o tema, o Supremo Tribunal Federal chegou a dizer que, "caso fortuito e força maior — são todos os fatos que se não podem prever, ou a que, se porventura previstos, não se pode resistir" (Recurso de *Habeas Corpus* n. 2.793). Então, em harmonia com o entendimento do STF, independente da nomeação, seja caso fortuito ou força maior, o centro da questão se encontra no fato de o evento ter ocorrido de forma imprevisível ou ao menos irresistível, tal qual aconteceu com o aparecimento e, mais ainda, com a rápida proliferação do Coronavírus.

Todavia, para as relações trabalhistas em tempos de pandemia da Covid-19, vamos mais além. Concluímos se tratar, de fato, de situação imprevisível e inevitável, cuja expressão mais adequada seria fortuito externo, tendo em vista que ele possibilita, *a priori*, o desabono da responsabilidade do empregador, no que diz respeito ao dever de indenizar o empregado.

Válido ressaltar que o Tribunal Superior do Trabalho (TST) admite e aplica em seus julgados o conceito de fortuito externo:

> I — RECURSO DE REVISTA DA RECLAMADA ETE ENGENHARIA DE TELECOMUNICAÇÕES E ELETRICIDADE LTDA. INTERPOSTO SOB A ÉGIDE DA LEI N. 13.015/2014 — ACORDO CELEBRADO PERANTE A COMISSÃO DE CONCILIAÇÃO PRÉVIA — EFICÁCIA LIBERATÓRIA. Nos termos da jurisprudência desta Corte, (i) a quitação firmada perante a Comissão de Conciliação Prévia tem eficácia liberatória geral em relação às parcelas decorrentes do contrato de trabalho, exceto as expressamente ressalvadas; (ii) as partes podem restringir a eficácia liberatória, e o registro de que a quitação se refere às parcelas expressamente consignadas no recibo equivale à ressalva em relação às não consig-

nadas; (iii) ainda que o termo de conciliação restrinja expressamente sua eficácia às parcelas nele consignadas, a quitação é total quanto aos títulos discriminados, não apenas quanto aos valores percebidos. HONORÁRIOS ADVOCATÍCIOS. Indevidos os honorários de assistência judiciária, nos termos dos artigos 14 a 16 da Lei n. 5.584/70, pois a parte não está assistida por sindicato da categoria profissional. Incidência das Súmulas ns. 219 e 329 do TST. Recurso de Revista conhecido e provido. II — AGRAVO DE INSTRUMENTO EM RECURSO DE REVISTA DO RECLAMANTE INTERPOSTO SOB A ÉGIDE DA LEI N. 13.015/2014 — PRELIMINAR DE NULIDADE — NEGATIVA DE PRESTAÇÃO JURISDICIONAL — ADICIONAL DE PERICULOSIDADE. Ante o provimento do Recurso de Revista da Reclamada, que resultou na improcedência do pedido de adicional de periculosidade, resta prejudicada a preliminar, que trata da análise do referido pedido. ARGUIÇÃO DE CERCEAMENTO DE DEFESA — NULIDADE DO ACORDO CELEBRADO PERANTE A COMISSÃO DE CONCILIAÇÃO PRÉVIA — ART. 896, § 1º-A, I, DA CLT. O trecho transcrito para fins do art. 896, § 1º-A, I, da CLT não corresponde ao acórdão proferido nestes autos. PRELIMINAR DE JULGAMENTO *CITRA PETITA*. Ainda que se pudesse inferir da inicial o pedido de vínculo com a tomadora de serviços, o Eg. TRT, ao afastar a responsabilidade solidária, afirmou tratar-se de hipótese de aplicação da Súmula n. 331, IV, do TST, que se refere à terceirização regular. Trata-se de fundamento independente e suficiente à manutenção do acórdão, no tocante à impossibilidade de declaração de vínculo de emprego. RESPONSABILIDADE SOLIDÁRIA. Infere-se do acórdão regional que a terceirização foi lícita. A reforma exigiria o reexame fático-probatório, vedado pela Súmula n. 126 do TST. DANOS MORAIS E MATERIAIS DECORRENTES DE ROUBO DE VEÍCULO PARTICULAR UTILIZADO EM SERVIÇO. O Eg. TRT registrou que a Empregadora não desempenhava atividade de risco, nem ensejou ou contribuiu com o assalto (ausência de nexo causal), ato de terceiro, ocorrido em via pública, sendo a segurança pública responsabilidade

> do Estado. Trata-se, portanto, de fortuito externo. Não estão presentes os requisitos à responsabilização civil. Agravo de Instrumento a que se nega provimento (ARR-619-87.2011.5.04.0007, 8ª Turma, Relatora Ministra Maria Cristina Irigoyen Peduzzi, DEJT 31/01/2019).

Portanto, é perfeitamente possível a adoção desse mesmo instituto qual seja, fortuito externo, no que diz respeito aos contratos de trabalho, em meio à crise pandêmica ocasionada pelo Coronavírus.

Segundo a Organização Mundial de Saúde (OMS), atribui-se o termo pandemia à disseminação mundial de uma nova doença. A definição indica que a enfermidade deve ser capaz de se espalhar por diferentes continentes, com transmissão sustentada de pessoa para pessoa. Dessa forma, trata-se, como dito antes, de evento imprevisível e inevitável.

No que tange à responsabilidade civil, ratificando o acima exposto, a mesma resta prejudicada, face à ausência de um dos seus pressupostos, destaca-se: o nexo de causalidade. Nesse sentido, ressalta-se que, dentre outras hipóteses, a verificação do caso fortuito, especialmente sobre a atual crise na saúde pública, a constatação de um fortuito externo exclui o nexo de causalidade, inviabilizando, dessa forma, a aplicabilidade do dever de indenizar, tendo em vista a incompletude do conjunto de requisitos exigido para a configuração da obrigação.

Sendo assim, por tratar-se de evento inevitável e irresistível ao empregador, não seria razoável, *a priori*, responsabilizá-lo pela contaminação de quaisquer dos seus colaboradores pelo Coronavírus enquanto no exercício de suas atividades laborais, desde que esse empregador adote postura de proatividade e zelo em relação aos seus empregados, aderindo a um conjunto de medidas capazes de, senão neutralizar, ao menos minimizar o risco imposto aos trabalhadores, tais como:

1) Disponibilizar kits individuais de prevenção e segurança para seus funcionários contendo, por exemplo, panfleto informativo, álcool gel, luvas e máscara; 2) Pro-

por aos colaboradores que se submetam à medição de sua temperatura corporal, antes de entrar nas dependências da empresa, especialmente ao retornar de um local do qual suspeita-se da existência ou, principalmente, da certeza de proliferação do vírus; 3) Isolar ou recomendar quarentena ao empregado que tenha tido contato com pessoas contaminadas, ou que esteve em local com focos da doença, ou que esteja com sintomas, suspeita ou até mesmo confirmação de contaminação, conforme estatuído na Lei n. 13.979/20; 4) Fornecer acesso a local que possibilite a lavagem adequada das mãos, relembrando, nesse ponto, a sugestão de disponibilização de álcool gel ou outro desinfetante, também adequando para o uso humano bem como para essa situação, para ser aplicado nas ocasiões em que o colaborador se encontrar a serviço fora das dependências da empresa; 5) Alertar os trabalhadores para que não compartilhem os materiais/equipamentos individuais de trabalho, como, por exemplo: telefones celulares, fones de ouvido, canetas, pranchetas, óculos de sol, dentre outros itens de uso pessoal; 6) Determinar a redução da jornada de trabalho ou, quando compatível com a função, o teletrabalho.

Com a adoção dessas medidas, o direito fundamental à saúde e ao meio ambiente de trabalho equilibrado, nos termos do disposto no art. 225 da CF e no art. 2º, § 2º, da Lei n. 8.090/90, permanece resguardado pelo empregador, em compatibilidade com o princípio da preservação da empresa e incentivo à iniciativa privada:

> Art. 225. Todos têm direito ao meio ambiente ecologicamente equilibrado, bem de uso comum do povo e essencial à sadia qualidade de vida, impondo-se ao poder público e à coletividade o dever de defendê-lo e preservá-lo para as presentes e futuras gerações.
>
> Art. 2º da Lei n. 8.080/90 — A saúde é um direito fundamental do ser humano, devendo o Estado prover as condições indispensáveis ao seu pleno exercício.
>
> [...]

> § 2º O dever do Estado não exclui o das pessoas, da família, das empresas e da sociedade.

Visto isso, cabe alegar que, sem a determinação expressa, advinda dos poderes públicos, não há para o empregador a obrigatoriedade de dispensa de comparecimento dos seus empregados ao trabalho. Ressalvada, mais uma vez, a necessidade de fornecer aos colaboradores todas as informações e aparatos de segurança possíveis/disponíveis, para que seja neutralizado, ou pelo menos minimizado, o risco de dano à saúde dos mesmos, enfraquecendo, assim, a possibilidade de litígio e, principalmente, de deferimento de pedidos judiciais de indenização por dano moral, em decorrência da contaminação pelo Coronavírus, durante a jornada de trabalho.

Sendo assim, admitida a existência de um fortuito externo, aliada à postura proativa e zelosa do empregador, conjuntamente à observância dos princípios da proporcionalidade e razoabilidade, prejudicada estaria, portanto, a abertura de precedente.

Referências

ALVARENGA, Rúbia Zanotelli de. O teletrabalho e a subordinação estrutural. *In*: COLNAGO, Lorena de Mello Rezende; CHAVES JR., José Eduardo de Resende; ESTRADA, Manuel Martín Pino (Orgs.). *Teletrabalho*. São Paulo: LTr, 2017.

ARAÚJO, Adriane Reis. Assédio moral organizacional. *Revista do TST*, n. 2, Brasília, v. 73, p. 203-214, abr./jun. 2007.

AUTUORI, Maria Helena Villela; GREGORIN, Daniela. O teletrabalho. *In*: SCHOUERI, L. E. *Internet:* o direito na era virtual. Rio de Janeiro: Forense, 2001.

BARROS, Alice Monteiro de. *Contratos e regulamentações especiais de trabalho*: peculiaridades, aspectos controvertidos e tendências. 5. ed. São Paulo: LTr, 2012.

______. *Curso de direito do trabalho*. 11. ed. São Paulo: LTr, 2017.

BAUMAN, Zigmunt. *Globalização*: as consequências humanas. Rio de Janeiro: Jorge Zahar, 1999.

______. *Medo líquido*. Rio de Janeiro: Jorge Zahar, 2008.

BETIATTO, Ricardo. Teletrabalho: a reforma trabalhista em contraponto com as perspectivas europeia e italiana. *Revista Eletrônica do Tribunal Regional do Trabalho da 9ª Região*. Curitiba: Escola Judicial do Tribunal Regional do Trabalho da 9ª Região, v. 7, n. 62, p. 46-56, set./out. 2017.

Disponível em: <https://juslaboris.tst.jus.br/bitstream/handle/1939/116282/2017_betiatto_ricardo_teletabalho_reforma.pdf?sequence=1&isAllowed=y>. Acesso em: 4 dez. 2019.

BRAMANTE, Ivani Contini. Teletrabalho — teledireção, telessubordinação e teledisposição. *Revista LTr*, São Paulo, v. 76, p. 391-412, abr. 2012.

BRANDÃO, Cláudio Mascarenhas. *Acidente de trabalho e responsabilidade civil do empregador*. 4. ed. São Paulo: LTr, 2015.

______. Meio ambiente do trabalho saudável: direito fundamental do trabalhador. *Revista do Tribunal Regional do Trabalho da 1ª Região*, Rio de Janeiro, v. 21, n. 49, p. 89-98, jan./jun. 2011. Disponível em: <https://juslaboris.tst.jus.br/bitstream/handle/20.500.12178/31096/claudio_mascarenhas_brandao.pdf?sequence=1&isAllowed=y>. Acesso em: 7 ago. 2019.

CAIRO JR., José. *O acidente de trabalho e a responsabilidade civil do empregador*. 7. ed. São Paulo: LTr, 2014.

CAPRARA, Eduardo Torres. Convenção n. 177 da OIT e o Regime de Trabalho em Domicílio. In: *Direito Internacional do Trabalho e Convenções Internacionais da OIT comentadas*. São Paulo: LTr, cap. 30, p. 323-330, 2014.

CARRION, Valentin. *CLT:* Comentários à Consolidação das Leis do Trabalho. 40. ed. São Paulo: Saraiva, 2015.

CARLOTTO, Mary Sandra; CÂMARA, Sheila Gonçalves. O tecnoestresse em trabalhadores que atuam com tecnologia de informação e comunicação. *Scielo*, 2010. Disponivel em: <http://www.scielo.br/scielo.php?script=sci_arttext&pid=S1414- 98932010000200007>. Acesso em: 25 maio 2019.

CASSAR, Voliá Bomfim. *Direito do trabalho*. 16. ed. São Paulo: Método, 2018.

CAVALCANTE, Jouberto de Quadros Pessoa; JORGE NETO, Francisco Ferreira. *Teletrabalho*: aspectos econômicos e jurídicos. São Paulo: LTr, 2017.

CAVALIERI FILHO, Sérgio. *Programa de responsabilidade civil*. 12. ed. São Paulo: Atlas, 2015.

DALLEGRAVE NETO, José Affonso. *Responsabilidade civil no direito do trabalho*. 4. ed. São Paulo: LTr, 2010.

DELGADO, Mauricio Godinho. *Curso de direito do trabalho*. 16. ed. São Paulo: LTr. 2017.

DELGADO, Mauricio Godinho; DELGADO, Gabriela Neves. *A reforma trabalhista no Brasil:* com os comentários à Lei n. 13.467/17. São Paulo: LTr, 2017.

DINIZ, Ana Paola Santos Machado. *Saúde no trabalho*: prevenção, dano e reparação. São Paulo: LTr, 2003.

DINIZ, Maria Helena. *Curso de direito civil brasileiro*: responsabilidade civil. 21. ed. São Paulo: Saraiva, 2007. v. 7.

DOMINGUES, Rodrigo Bulcão Vianna. A responsabilidade civil do empregador em casos de acidente ou doenças no teletrabalho após a reforma trabalhista. *Revista do Tribunal Regional do Trabalho da 12ª Região,* Florianópolis, v. 21, n. 30, p. 447-468, 2018.

FERREIRA, Álvaro Henrique de Souza. Novas tecnologias de informação e comunicação e o teletrabalho: um caso de enclausuramento socioespacial? *Collaboratory for Digital Discourse and Culture,* [2011?]. Disponivel em: <http://www.cddc.vt.edu/digitalfordism/fordism_materials/souza.htm>. Acesso em: 4 abr. 2019.

FINCATO, Denise Pires; PIANTÁ, Eduardo Coletto. Direito ao teletrabalho: reflexão sobre a imposição do teletrabalho ao empregador sob o prisma dos direitos fundamentais. *Revista de Direito Econômico e Socioambiental*. Curitiba, v. 8, n. 3, p. 198-219, set./dez. 2017.

GAGLIANO, Pablo Stolze; PAMPLONA FILHO, Rodolfo. *Manual de direito civil*. São Paulo: Saraiva, 2017.

GASPAR, Danilo Gonçalves. *Subordinação potencial*: encontrando o verdadeiro sentido da subordinação jurídica. São Paulo: LTr, 2016.

GONÇALVES, Carlos Roberto. *Direito civil brasileiro*. 7. ed. São Paulo. Saraiva, 2011. v. 7.

LOURENÇO, Lucas Barbieri; ARANALDE, Luciana Carneiro da Rosa. Teletrabalho: a (Des)regulamentação dada pela Reforma Trabalhista (Lei n. 13.467/17). *Revista Tribunal Regional do Trabalho da 12ª Região*, Santa Catarina, v. 21, n. 30, p. 345, 2018.

MARTINEZ, Luciano. *Curso de direito do trabalho*: relações individuais, sindicais e coletivas do trabalho. 7. ed. São Paulo: Saraiva, 2016.

MASSI, Alfredo. Teletrabalho — Análise sob a óptica da saúde e da segurança do teletrabalhador. *In*: COLNAGO, Lorena de Mello Rezende; CHAVES JR., José Eduardo de Resende; ESTRADA, Manuel Martín Pino (Orgs.). *Teletrabalho*. São Paulo: LTr, 2017.

MARTINS, Sergio Pinto. *Direito do trabalho*. 32. ed. São Paulo: Saraiva, 2016.

MELO, Sandro Nahmias. Teletrabalho, controle de jornada e direito à desconexão. *Revista LTr*, São Paulo, v. 81, n. 9, p. 1094-1099, set. 2017.

MIZIARA, Raphael. O novo regime jurídico de teletrabalho no Brasil. *Revista Eletrônica do Tribunal Regional do Trabalho da 9ª Região*. Curitiba: Escola Judicial do Tribunal Regional do Trabalho da 9ª Região, v. 7, n. 62, p. 36-45, set./out. 2017. Disponível em: <https://juslaboris.tst.jus.br/bitstream/handle/20.500.12178/116314/2017_miziara_raphael_novo_regime.pdf?sequence=1&isAllowed=y>. Acesso em: 4 dez. 2019.

NASCIMENTO, Amauri Mascaro. *Iniciação ao direito do trabalho*. 28. ed. São Paulo: LTr, 2002.

NUNES, Talita Camila Gonçalves. O acidente de teletrabalho e a fiscalização da tecnologia da telemática: aspectos e consequências do teleassédio moral e do teletrabalho. *Revista de Direito do Trabalho*, São Paulo, v. 42, n. 167, p. 183-208, jan./fev. 2016.

OLIVEIRA, Francisco Antônio. *Reforma trabalhista*: comentários à Lei n. 13.467, de julho de 2017. São Paulo: LTr, 2017.

OLIVEIRA, Sebastião Geraldo de. *Indenizações por acidente do trabalho ou doença ocupacional*. 8. ed. São Paulo: LTr, 2014.

RAMOS, André de Carvalho. *Curso de direitos humanos*. 2. ed. São Paulo: Saraiva, 2015.

ROCHA, Cláudio Jannotti da; MUNIZ, Mirella Karmen de Carvalho Bifano. O teletrabalho à luz do art. 6º da CLT: o acompanhamento do direito do trabalho às mudanças do mundo pós-moderno. *Revista do TRT da 3ª Região*, Belo Horizonte, v. 57, jan./dez. 2013.

RODRIGUES, Ana Cristina Barcellos. *Teletrabalho*: a tecnologia transformando as relações de trabalho. Faculdade de Direito da Universidade de São Paulo. São Paulo, 2011.

SAKO, Emília Simeão Albino. *Trabalho e novas tecnologias*: direitos *on-line*, ou, direitos de 4ª geração. São Paulo: LTr, 2014.

SAMPAIO, José Adércio Leite. Comentário ao artigo 5º, inciso X. *In*: CANOTILHO, J. J. Gomes; MENDES, Gilmar F.; SARLET, Ingo W.; STRECK, Lenio L. (Coords.). *Comentários à Constituição do Brasil*. São Paulo: Saraiva/Almedina, 2013.

SARANDY, Flávio Marcos Silva; SIQUEIRA, Julio Pinheiro Faro Homem. *O teletrabalho no contexto do discurso gerencial e a retórica da produtividade*. São Paulo: LTr, 2017.

SCHATZMAN, Michelle *et al*. Aspectos definidores do assédio moral. *In*: GOSDAL, T. C.; SOBOLL, L. A. P. (Org.). *Assédio moral, interpessoal e organizacional*: um enfoque multidisciplinar. São Paulo: LTr, 2009.

SERRA, Paulo. *O teletrabalho* — conceito e implicações. Biblioteca *on-line* de Ciências da Comunicação da Universidade da Beira Interior, 1996. Disponível em: <http://bocc.ubi.pt/pag/jpserra_teletrabalho.html>. Acesso em: 5 jun. 2019.

SILVA, Alessandro da. A responsabilidade do empregador por danos decorrentes de acidente de trabalho: o que há de constitucional. *Revista LTr*, São Paulo. v. 81, n. 8, ago. 2017.

SILVA, Homero Mateus da. *Comentários à reforma trabalhista*. 1. ed. São Paulo: Revista dos Tribunais, 2017.

SILVA, Luiz de Pinho Pedreira da. O teletrabalho. *Revista LTr*, São Paulo, v. 64, p. 7, 11/05/2000.

TEIXEIRA JR., José. *Quantificação dos danos morais e materiais*: e o acidente do trabalho no setor sucroalcooleiro. São Paulo: LTr, 2011.

TESSLER, Jamie. Telework. *Encyclopaedia of Occupational Health & Safety*, Part XVII — Services and Trade, Chapter 99. Office and Retail Trades, International Labor Organization, Genebra, 2011. Disponível em: <http://www.iloencyclopaedia.org/part-xvii-65263/office-and-retail-trades/99/telework>. Acesso em: 4 jun. 2019.

VALENTIN, João Hilário. Teletrabalho e relações de trabalho. *Revista do Ministério Público do Trabalho*, Brasília, mar. 2000.

VENOSA, Sílvio de Salvo. *Direito civil*: responsabilidade civil. 16. ed. São Paulo: Atlas, 2016. v. IV.

WINTER, Vera Regina Loureiro. *Teletrabalho*: uma forma alternativa de emprego. São Paulo: LTr, 2005.

WÜLFING, Juliana. *Teletrabalho*: proposta de regra jurídica fundamentada no princípio de proteção do empregado para o Brasil. Tese de doutorado na Universidade Federal de Santa Catarina, Centro de Ciências Jurídicas. Programa de Pós-graduação em Direito. Orientadora Olga Maria Bosch Aguiar de Oliveira. Florianópolis, 2014.

Portais eletrônicos

BRASIL. Constituição. Constituição da República Federativa do Brasil de 1988. Brasília, DF, 5 out. 1988, *Diário Oficial*.

Disponível em: <http://www.planalto.gov.br/ccivil_03/constituicao/constituicaocompilado.htm>. Acesso em: 15 jun. 2019.

______. Decreto-lei n. 5.452, de 1º de maio de 1943. Aprova a Consolidação das Leis do Trabalho. Rio de Janeiro. *Diário Oficial*. Disponível em: <http://www.planalto.gov.br/ccivil_03/decreto-lei/Del5452.htm>. Acesso em: 16 maio 2019.

______. *Lei Complementar n. 150, de 1º de junho de 2015*. Dispõe sobre o contrato de trabalho doméstico; altera as Leis ns. 8.212, de 24 de julho de 1991, 8.213, de 24 de julho de 1991, e 11.196, de 21 de novembro de 2005; revoga o inciso I do art. 3º da Lei n. 8.009, de 29 de março de 1990, o art. 36 da Lei n. 8.213, de 24 de julho de 1991, a Lei n. 5.859, de 11 de dezembro de 1972, e o inciso VII do art. 12 da Lei n. 9.250, de 26 de dezembro 1995; e dá outras providências. Brasília. Diário Oficial. Disponível em: <http://www.planalto.gov.br/ccivil_03/leis/lcp/lcp150.htm>. Acesso em: 10 nov. 2019.

______. Ministério do Trabalho. Portaria GM n. 3.214, de 8 de junho de 1978. Norma Regulamentadora n. 17 — Ergonomia. *Diário Oficial*. Brasília. Disponível em: <http://trabalho.gov.br/seguranca-e-saude-no-trabalho/normatizacao/normas-regulamentadoras/norma-regulamentadora-n-17-ergonomia>. Acesso em: 16 jun. 2019.

______. Lei n. 8.213, de 24 de julho de 1991. Dispõe sobre os Planos de Benefícios da Previdência Social e dá outras providências. Brasília. *Diário Oficial*. Disponível em: <http://www.planalto.gov.br/ccivil_03/leis/L8213cons.htm>. Acesso em: 10 jun. 2019.

______. Lei n. 10.406, de 10 de janeiro de 2002. Institui o Código Civil. Brasília. *Diário Oficial*. Disponível em: <http://www.planalto.gov.br/CCivil_03/leis/2002/L10406.htm>. Acesso em: 20 jun. 2019.

______. *Lei n. 10.593, de 6 de dezembro de 2002*. Dispõe sobre a reestruturação da Carreira Auditoria do Tesouro Nacional, que passa a denominar-se Carreira Auditoria da Receita

Federal — ARF, e sobre a organização da Carreira Auditoria-Fiscal da Previdência Social e da Carreira Auditoria-Fiscal do Trabalho, e dá outras providências. Brasília. *Diário Oficial*. Disponível em: <http://www.planalto.gov.br/ccivil_03/leis/2002/L10593.htm>. Acesso em: 10 nov. 2019.

______. Lei n. 13.467, de 13 de julho de 2017. Altera a Consolidação das Leis do Trabalho (CLT), aprovada pelo Decreto-lei n. 5.452, de 1º de maio de 1943, e as Leis ns. 6.019, de 3 de janeiro de 1974, 8.036, de 11 de maio de 1990, e 8.212, de 24 de julho de 1991, a fim de adequar a legislação às novas relações de trabalho. Brasília. *Diário Oficial*. 2017. Disponível em: <http://www.planalto.gov.br/ccivil_03/_ato2015-2018/2017/lei/L13467.htm>. Acesso em: 16 maio 2019.

______ . Tribunal Regional do Trabalho da 3ª Região. Recurso Ordinário n. 00208.2006.143.03.00-2. Rel. Min. Heriberto de Castro, Turma Recursal de Juiz de Fora, DJ: 17/09/2008. Disponível em: <https://trt-3.jusbrasil.com.br/jurisprudencia/129546658/recurso-ordinario-trabalhista-ro-162680800208-2006-143-03-00-2>. Acesso em: 12 nov. 2019.

______. Tribunal Regional do Trabalho da 3ª Região. Recurso Ordinário n. 01616-2005-075-03-00-7. Rel. Sebastião Geral de Oliveira, 2ª Turma. DJ: 18/08/2006. Disponível em: <https://trt-3.jusbrasil.com.br/jurisprudencia/129343916/recurso-ordinario-trabalhista-ro-1127606-01616-2005-075-03-00-7>. Acesso em: 13 nov. 2019.

______. Tribunal Regional do Trabalho da 3ª Região. Recurso Ordinário n. 000072742.2013.5.03.0018. Rel. Convocado Vitor Salino de Moura Eca, 4ª Turma. DJ: 21/09/2015. Disponível em: <https://trt-3.jusbrasil.com.br/jurisprudencia/234343634/recurso-ordinario-trabalhista-ro7272013018003001-0000727-4220135030018/inteiro-teor234343644?ref=juris-tabs>. Acesso em: 13 nov. 2019.

______ . Tribunal Regional do Trabalho da 3ª Região. Recurso Ordinário n. 0000231-64.2010.5.03.0035. Rel. Convocada. Maria Raquel Ferraz Zagari Valentim, Turma

Recursal de Juiz de Fora, Data de Publicação: 24/02/2011, 23/02/2011. DEJT. p. 96. Disponível em: <https://trt-3.jusbrasil.com.br/jurisprudencia/124316878/recurso-ordinario-trabalhista-ro-231201003503000-0000231-6420105030035/inteiro-teor-124316888>. Acesso em: 16 nov. 2019.

______. Superior Tribunal Federal. Recurso Extraordinário n. 828.040/DF. Rel. Min. Gilmar Mendes, plenário. DJ: 10/02/2017. Disponível em: <http://portal.stf.jus.br/processos/detalhe.asp?incidente=4608798>. Acesso em: 21 nov. 2019.

______. Superior Tribunal de Justiça. REsp n. 319321/RJ. Rel. Min. Sálvio de Figueira Teixeira. Publicado DJU 10.9.2001, p. 396. Disponivel em: <http://www.lexml.gov.br/urn:lex:br:superior.tribunal.justica;turma.4:acordao;resp:2001-06-21;319321>. Acesso em: 3 ago. 2019.

______. Tribunal Superior do Trabalho. Recurso de Revista n. 10727-95.2014.5.15.0127. Relª Minª Dora Maria da Costa, 8ª Turma. DJ: 22/02/2017. Disponível em: <https://tst.jusbrasil.com.br/jurisprudencia/435842084/recurso-de-revista-rr-107279520145150127/inteiro-teor-435842100>. Acesso em: 4 ago. 2019.

______. Tribunal Superior do Trabalho. Recurso de Revista n. 56300-47.2006.5.02.0080, Rel. Min. Mauricio Godinho Delgado, Data de Julgamento: 26/03/2013, 3ª Turma, Data de Publicação: DEJT 01/07/2013. Disponível em: <https://tst.jusbrasil.com.br/jurisprudencia/23550712/recurso-de-revista-rr-563004720065020080-56300-4720065020080-tst>. Acesso em: 5 ago. 2019.

______. Tribunal Superior do Trabalho. Recurso de Revista n. 619-87-2011.5.04.0007. Relª Minª Maria Cristina Irigoyen Peduzzi, 8ª Turma. DJ: 31/01/2019. Disponivel em: <http://aplicacao4.tst.jus.br/consultaProcessual/resumoForm.do?consulta=1&numeroInt=55381&anoInt=2018>. Acesso em: 4 jul. 2020.

ESPANHA. Real Decreto-Ley 2/2015, de 23 de octubre de 2015, Ley del Estatuto de los Trabajadores. Disponível em: <ht-

tps://www.boe.es/buscar/act.php?id=BOE-A-2015-11430>. Acesso em: 20 maio 2019.

______ . Real Decreto-ley 3/2012, de 10 de febrero, de Medidas Urgentes para la Reforma del Mercado Laboral. Disponível em: <https://www.boe.es/buscar/doc.php?id=BOE-A-2012-2076>. Acesso em: 20 maio 2019.

ORGANIZAÇÃO INTERNACIONAL DO TRABALHO. Centro de informações. Disponível em: <http://www.ilo.org/brasilia/centro-de-informacoes/lang--pt/index.htm>. Acesso em: 1º maio 2019.

______ . *Convenio sobre el trabajo a domicilio*, n. 177. 83ª reunión CIT. Genebra. 1996. Disponível em: <http://www.ilo.org/dyn/normlex/es/f?p=NORMLEXPUB:12100:0::NO::P12100_INSTRUMENT_ID:312322>. Acesso em: 16 maio 2019.

______ . *Recomendación sobre el trabajo a domicilio*, n. 184. 83ª reunión cit. Genebra. 20 de junio de 1996. Disponível em: <http://www.ilo.org/dyn/normlex/es/f?p=normlexpub:12100:0::no:12100:p12100_instrument_id:312522:no>. Acesso em: 16 maio 2019.

ORGANIZAÇÃO MUNDIAL DA SAÚDE (OMS). *Declara doença como novo Coronavírus como pandemia*. Disponível em: <https://www.who.int/eportuguese/countries/bra/pt/>. Acesso em: 20 jun. 2020.

ORGANIZAÇÃO PAN-AMERICANA DA SAÚDE (OPAS). COVID-19. Disponível em: <http://plataforma.saude.gov.br/coronavirus/>. Acesso em: 20 jun. 2020.

PORTUGAL. Código do Trabalho. Lei n. 7/2009. Aprova a revisão do Código do Trabalho. *Diário da República* n. 30/2009. Disponível em: <https://dre.pt/web/guest/pesquisa/-/search/602073/details/maximized>. Acesso em: 18 maio 2019.